年龄的奇迹

The Age of Miracles Embracing The New Midlife

[美] 玛丽安·威廉森／著
赵梦云／译

中国城市出版社
·北 京·

北京版权局著作权合同登记
图字：01－2009－0508

图书在版编目（CIP）数据

年龄的奇迹／（美）威廉森（Williamson,M.）著；赵梦云译. －北京：中国城市出版社，2011.1

ISBN 978－7－5074－2410－2

Ⅰ. ①年… Ⅱ. ①威…②赵… Ⅲ. ①中年人－人生哲学－通俗读物 Ⅳ. ①B821－49

中国版本图书馆CIP数据核字（2010）第247867号

策划	王立
责任编辑	王月芳 唐浒 黄羹 郑茜 孙小美
装帧设计	蒋宏工作室
责任技术编辑	张建军 杨冬梅
出版发行	中国城市出版社
地址	北京市海淀区太平路甲40号（邮编100039）
网址	www.citypress.cn
电话	(010)63275378（营销策划中心）
传真	(010)63489791（营销策划中心）
总编室信箱	citypress@sina.com 电话：（010）52732057
投稿信箱	world66@263.net（营销策划中心）
经销	新华书店
印刷	北京中科印刷有限公司
字数	83千字 印张6.625
开本	880x1230（毫米）1／32
版次	2011年1月第1版
印次	2011年1月第1次印刷
定价	28.80元

我们毫无准备地步入中年。更糟糕的是，步入中年的我们错误地以为我们曾经所信奉的事实和原则将一如既往地服务我们。然而，人在中年，生活方式和习惯已经改变，我们不能像从前年轻时那样过活。因为，年轻时候重大的事在中年时候可能就不重要了，而年轻时候的事实到了中年也许就成了谎言。

——卡尔·荣格《生命的阶段》

目录

引　言

奇迹随时发生，你准备好迎接它了吗

皱纹、健忘；记不起昨天做了什么事，发现眼镜在冰箱里；大腿上的皮肤不再光滑；臀部也变得松弛；年轻人开始称呼你阿姨（或叔叔），过去常常同时向空中抛几个球杂要，现在却做不到了；甚至不认识镜子中自己的脸；你开始嫉妒年轻人，觉得自己没有好好珍惜青春岁月是多么的不可理解；你觉得不再受人重视；不知道现在最流行的音乐风格；你曾经时尚得一塌糊涂，现在却与之渐行渐远……

如果上述某几条听上去恰好是你现在的处境，那么欢迎你来我们的专属领地。读过这本书后，也许你可以从此用全新的视角来看待你所处的人生阶段的转变。

每段新的经历都会让人面临新的选择，变老也是如此。“不再年轻”的阶段会为你带来何种生活，你该怎样度过你的中老年生活，这个问题没有固定的答案，答案只有你自己知道。如果你选择不抵抗——这里所谓不抵抗不是指老庄思想，而是懒人的消极方式——那么将来你会很悲伤。在你变老的过程中将少有幸福与欢乐。

但还有另外一种可能，你将开启一扇通往崭新世界的门。就在你考虑以另一种方式来生活时，奇迹出现了。这扇崭新的门触动了你大脑的神经元，体力上和精神上的能量都在涌入。然而若你不乐意接受新的方式，就无法得到这种能量。

成千上万的人都将步入我们想要逃避却无法逃避的阶段。其实仔细想想，这个阶段也不是那么糟糕。也许只需要重新规划，它就会成为不同的风景。

显然，中年不是崭新的领域，崭新的是有多少人追求文化表象之外的东西。据威纳·厄尔哈特（“厄尔哈特研讨训练”的创始人）说，我们活着要么演绎环境，要么演绎幻想。但中年之后，我们会锻造出新的版本，这种版本突破了世代相传的思想的束缚。环境是固定的，经历却不是。经历的每种情况都与当时的前因后果有关，无论这种因果是来源于我们主观的还是文化的。对于中年内涵新的阐释，让已经是中年人的我们看到希望。

我所提到的希望是说长寿的希望？不仅仅这样。是说更多乐趣、更多内涵、更多激情、更多感悟吗？正是。提到年龄，不应让岁月更长而是让它更好。最近我参加了一个婚宴，坐在我旁边的是个电影明星。已经八十多岁的他用男人的笃定告诉我，一旦大限来临，他将“心甘情愿地离开，开始下一个冒险”。看起来无论下一刻将会发生什么他都能从容应对，因为他一直在从容应对那些已经发生的和正在发生的。他似乎已经看透了生命的本质，以至于生命即使在该停下的时候也不敢停下。

一个半小时以后我又看到他，那时他和一个小他五十多岁的女人像瓦伦蒂诺那样翩翩起舞。回到桌旁，我又听到他像一位光彩照人的伟人一样发表自己与众不同的政见，不管你是否赞同。与其说他到达了生命的结尾，不如说他到达了生命的高峰。在这高峰上他能看到前方延展的大地，不比身后的领地虚幻。

我们怎样活着才会不畏惧死亡？我们怎样活着才能得到自己和别人的认可，将自己拥有的一切奉献给生命？中年是结束还是真正开始的时候，是放弃还是索取想要之物的时候，是无所事事还是停止浪费时间的时候？如果我们希望受控于年龄，就像预先设计好的旅程，那太简单了——现状的路标随处可见。可是如果想为我们自己和身边的人创造些新鲜的东西，很重要的一点是，认识到关于中年的思想是有限的，这种限制充斥在我们的文化中。

还要意识到我们能够铲除它们。

很多关于中年的思想都过时了。它们是先辈传下来的观念，已经不适合指导我们和我们的行为。

最近我见到一个女人，她是二十世纪七八十年代政界代表性的人物。我问她是否想要重返政坛的时候她看着我说："哦，不，我都六十六岁了。"她指着旁边一桌的年轻女郎说："现在该她们接手了。"

我吃惊地看着她。据我看来，旁边一桌的女人不可能短期内推动世界向更乐观的方向前进。但我知道，在她心里，她也不能。

"她们？你疯了吗？"我吸了一口气，指着那桌女人，努力从她们脸上看到认真的迹象却一点也没发现。就在我说那句话的时候，她的眼睛亮了。大概她只是需要有人认可她的想法：实际上她现在比以前更有能力，她是我们需要的人。

离席时她对我说："你说得对。我们以后聊。我想做些不同凡响的事情。"

她需要的只是换个角度思考。只要怀疑一下"她辉煌的日子一去不复返了"这种观念，她就由顺从的胆怯的"轮到她们了"转变为发自内心的"轮到我了"！很多人心里想的也和她一样：我们已经做好准备要做与众不同的事情了。不论我们要面对什么，我们渴望现在就做。

但有时候你不敢肯定什么是要做的，即使你做了，可能私底下害怕已经迟了，你在即将开始的旅程的兴奋中和错过最佳时机的害怕中进退两难。然而你个人的过去与上帝的创造之手相比无关紧要：上帝可以在任何时候、任何地方，让任何人出现奇迹，没有什么能阻止上帝，即使你老了奇迹也不会把你抛弃，只是或许会比从前来得晚些。

时间似乎在你年轻的时候走得很慢，然后突然之间疾驰而过，时间的悲剧性体现在风景不准时来临。想要孩子的女人，一直到了已经无法生育的年龄方知晚矣；想换工作的人们，一直到了无法说服自己开始新的征途才开始后悔没有早些行动，一直以来他们都没有勇气追求自己想要的东西。我们对于到了中年，选择就会受到限制这个观点很不买账，原因就在这里：生活体现在任何时点，正如我们预期的那样，昨天不能决定今天。不同的情况对于事情正点发生是个挑战——或者，更准确地说，能够让上帝做主让事情正点发生——中年也不例外，上帝时刻准备着把水变成酒。

无论你生来是什么人，有着怎样的性格特征，掌握什么样的知识，现在是认真对待继续前进的时候了。你越认真对待生活，生活就越真心对待你。你的思想，仅仅你的思想，将会决定你可能的际遇。预定的公式决定你或其他人现在可能的际遇，现在就是超越这些公式的时候。不管你曾经是否发生过什么，现在一直是奇妙机遇的源泉——上帝的补偿法则能确保这一点。无限的可能不是一个抽象的概念，而是一种万物的向往，是持续的无限弹力的动力。它不反映你的过去，而反映你现在思想的状况。

迄今为止你生命里曾经发生过的事情不能决定你的未来。相反，你怎样理解发生过的事情，从中学习到什么，才为你可能的明天奠定基础。

生活不是永远一帆风顺的，不顺利的时候其实更多。到四十多岁时，大部分人在一两个主要方面栽过跟头：婚姻、孩子、工作、经济状况、生活习惯等等。但生命旅程的精髓不是我们是否跌倒过，而是我们能否学会重新站起来。每个人都会跌倒，因为这是个充满犯错机会的世界。谁能够再站起来，以何种方式，这才是将来的决定因素。

我有个朋友是个出色的歌手，多年来她的声音折服了无数观众。她长得也很出众，面容姣好，因此人人都说她注定要成为明星。但是在二十岁、三十岁，甚至四十岁的时候，她走红了吗？没有。因为像很多人一样，她身体里的恶魔耽搁了她太久。她会因为醉酒而错过一场重要的会议，会因为不成熟而对唱片公司的主管说错话，她常常自己把成功砸成碎片。直到过了四十岁生日之后，她的人品和才华终于相得益彰。当成功降临的时候，她能看清一点——她周围的人也是这样——一旦成功降临，走过的漫长而曲折的弯路只会增加成功的光芒。

我所说的“成功的光芒”是指什么呢？是指理解成功的层次。一路走来吸取的大大小小的教训最终不仅影响了她的歌声，也影响了她为人处世的方式；不仅成就她做的事情，也成就了她这个人。原来需要成熟的不仅是声音，还有人品。

或许你在健身房已经不能再把腿抬得很高，但你能依据多年的经验扬起眉毛。一定程度上，扬起眉毛比抬腿更让人印象深刻。这就是成熟带给我们的礼物：丰富你的人生。就像我父亲常说的，只有在“喜怒哀乐都经历过”时，感悟就来了。

刚刚成熟是乐观的事情，这种乐观不是年轻时觉得一切皆有可能的感觉，而是尽管知道有些事情是不可能的，也尝遍了苦乐，仍然坚持的执著。我们失去某些不该失去的东西，但我们也得到了意想不到的收获。在很多方面，我们不知不觉中变得谙熟的，不是具体的生活方式，而是更负责地活着，这是我从同龄人身上得出的结论。一旦接受生活不如我们想象的那么美好，反而能看到从前没发现的美好。

拒绝体面地接受青春不再不是自我欺骗，你相信年龄的限制，但也得相信上帝的无所不能。有些事情已经结束了，没什么不对，但有些事情才刚刚开始。与其说青春结束了，不如说严重超长的不成熟期终于告一段落——不是说像宴会结束时流浪汉的乞食，而是从终极无意义中得到拯救，你抓住了最后的机会。中年一无是处这一观点，现在正经历中年的这一代是绝对忍受不了的。阻碍了你通往更高境界的畸形的过时的思想模式，现在终于被打破了。一方面你可能对你青春不再有点沮丧，一方面却在为你不再疑惑而狂喜。

就在如果没有一些理智的成年人站出来做什么，世界就会真的爆炸的时候，我们这代人终于成为了理智的成年人。

现在世界在为婴儿潮*一代人举行转型仪式，就像一个人通过丛林，看你能不能生存下来。如果不能，当然什么都不可能拥有；如果能够，得到的就是“你真行，孩子”，无论如何，只有大约一半的人才能听到这句话。

现在的中年就是某种意义上的第二次发育期。经历，包括人生的长度都得重新定义。这段时期完全不同于青年，也完全不同于老年。说它像一次巡航旅游到达了生命的尾声，不如说巡航旅游触到了生命的内涵更合适。有些人还在哀号“我不知道该怎样活着”，在四十岁的时候，仿佛更像青少年而不是老人，突然之间成长了，悟到了。

在《长寿的因素》一书中，莉迪亚·勃朗特写道，我们给生命增加了十五年，但是是加在中间，而不是加在尾端。我们应该把这段时光定义为新中年，因为它确实是新的。这段时光从前不被认可，因为它过去存在的方式不同于现在。当我们认识到当代生活的组成部分中存在一个新

---

* 婴儿潮（baby boom），指的是在某一时期及特定地区，出生率大幅度提升的现象。历史上有记载的几次婴儿潮，通常是起因于有振奋人心的因素，像农作物丰收、打赢战争及赢得体育竞赛等，但也有因为迷信的因素。英文形容婴儿潮时期出生的人为 baby boomer。婴儿潮（baby boom）这个词的首次出现，主要是指美国第二次世界大战后的“4664”现象——从 1946 年至 1964 年，这十八年间婴儿潮人口高达 7800 万。

的心理要素时，就需要铸成一个用来盛装异常能量的容器，没有这个容器，它的意义就会烟消云散。

我们应该庆幸有中年这段经历，并彻底改造它。我们应当通过改变有关观念改造它——观念指导行为，并构建世间经历的蓝图。那我们就要做两件事：摒弃束缚我们的观念，以及建立自由的观念。我们的观念体现在经历上，从身体状况到周围的世界。在重新规划观念的时候我们也在重新规划一切。

对女人来说，说四十岁是第二个三十岁，说五十岁是第二个四十岁已经变得稀松平常了。我自问到底是我们愿意相信这样还是事实就是这样。对我来说后者更合适。但仔细想想，这是把双刃剑，一方面我们看起来年轻的时间延长了，另一方面我们不得不思索究竟要多久才能成熟这个问题。前辈们用的时间似乎比我们短多了，多年之后我们才开始了解这点。

我们这些步入成熟中年的人不会被称为“彷徨的一代”，我们只会被认为是浪费了一二十年来寻找自己的一代。甚至并不能说我们浪费了很多时间，因为我们把问题看清楚了，而前辈们并没有看清楚。之所以花这么多时间，是因为思想上我们有很多工作要做。

自我感觉在走下坡路也无须担心，此路非彼路，会有不同的风景等着你。

拜访一个幼年时的朋友时，我看到她二十年前的照片。变化太大了，她已经由一个容光焕发的女郎变成了无精打采的妇女，从她的脸上似乎能看出来她早已放弃追求一些荣耀。但我知道她青春的火花并没有熄灭，还能感受到她燃烧的生命。“那才是琳达，”我对她说，“你得把她找回来。”她的眼神清楚地告诉了我，她理解我的意思。

至少我们在中年时不能不用脑子，青春可以让位于有些事情，当被召唤到人生的下一个阶段时，这些事情显得熠熠生辉。我们应自觉坚持要求一个更辉煌的中年，而不是空留想象。

年少的痛已经无所谓，我们现在拥有轻松愉悦的心灵，更加明理，更加返璞归真。这不是结束而是开始。我们明白没有时间再多做停留了，新的中年生活正在召唤我们。

回首往事时我最大的悲哀是不知不觉间浪费了青春。审视现在的生活，我不想再犯同样的错误，不想再错过今天。邦尼·拉特的歌是唱给所有的人听的：“生活越没得浪费就越弥足珍贵。”

我的青春也充满了诸多奇迹，只是当初视而不见。现在仔细想想还是想不起青春的美好，只知道，青春的美好依然藏在奇迹里。

如果足够幸运，年龄是可以由我们自己决定的，但怎样决定取决于我们自己。这本书的目的是讨论年龄的一些问题，公正地看待这些问题，在某些令人畏惧的角落播撒爱心，就可以经历或许在不知不觉中错过的奇迹。

作者注：通篇大量引用了《奇迹课程》的观点，这个系列包括三本书，是关于精神心理的自学课程。它不是宗教，而是在关于普遍的心灵主题方面，心理与思想的锤炼。这个系列的实用目的是通过宽恕获得心灵的宁静。

第一章

漫长而曲折的道路

一天，我在邮件中收到了一些录像带，里面有一些我在1988年做演讲的场景。我告诉女儿，我想她和我一起看这些录像，看看她的母亲在她出生两年前的音容笑貌。我原本以为我做这些是为了她，但很快我就意识到，我其实是在为自己缅怀。女儿看着看着，便为她母亲的模样所痴迷。她仍保持着轻巧的身形和精神，并没有为漫长的悲伤而苍老，反倒是我，多少有点沉迷了。

我认识的一个年轻人曾经对我说："我多么希望在你年轻的时候就已经认识你。"看到我的脸当时就抽搐了一下后，他试图弥补这句话，他说他是如何地渴望在那时与我相识，在我还拥有曾经如火的青春激情时。我暗自思忖，但却没有说，其实我还拥有那些如火般熊熊燃烧的激情。从录像带里看到的这些都是他所提到的青春激情，但是我还看到了一些别的东西。我看见了我需要为了自己重新获取的激情，纵使它在这个世界中不断稀释。这团“火焰”属于我，只要我愿意——是的，那火焰已不在我生命的表层燃烧，却也没有从我身上隐去。它仅仅是被层层叠叠的重负与失望所掩埋，而那火焰本身，从永恒之地里，缓缓升起。

看这些录像带时，我为女儿所表现出的讶异而感惊讶。我从未意识到，她并不曾将她的母亲看成是一个无比快乐的女人，既充满了轻松的玩笑又不失睿智。然后，我看见自己已经逐渐变成我并不应成为的人——在那些艰难的年头里，我渐渐陷入黑暗的心灵沼泽，并为在那里听到的种种谎言而沉沦。

在某些方面，发生在我身上的事情和发生在很多人身上的事情一样。年龄就像卡车一样重重地撞击你，让你在冲撞中失去年轻的气息。于是，你花上几年的时间，摇摆不定，四处漂泊，似乎你是被“你还没成为的那个人”所定义，而非“你已成为的那个人”。逐渐地，但确信无疑地，你将进入生命里下一旅程的漫游——与彼时不同，但是不一定截然相反。然而到底有多不同，取决于你自己。

我记得几年前买过一张琼尼·米歇尔*的唱片。封面是她手持红酒的自画像。我对着它，凝望了好几分钟。直到音乐响起，我震惊了。这里面听不到一点以前的感觉。我所听到的琼尼仿佛已不再是我熟悉的她。哦，上帝啊，她已经失去了她的声音，那高亢的、甜美的特质已不复存在。我听她的音乐几十年了，却辨认不出今天我所听到的。至少有五分钟，我脑子里只有一个念头反复盘旋：怎么回事，琼尼·米歇尔竟然不能再唱了！

直到真正开始听，我才明白，如今在我耳边响起的声音，显然拥有一种昔日所无法匹敌的高贵。她的声线潜入了新的深度，满溢着她年轻时不曾有过的渴望。在她的灵魂与咽喉之间，往昔与今日之隔离的某个地方，令人愉快的流行乐早已炼化成超乎寻常的艺术。轻巧明快的旋律被源自事物深处的深邃而突兀的灵魂哭喊所取代。她已迁居到那弥散着不可思议的巨大力量的世界。曾是巨人，今已成神。

---

* 琼尼·米歇尔（1943年11月7日— ），加拿大音乐家，词作者，画家。

她的轨迹，她的变化，于我具有深意。从我第一次站上演讲台，到如今，已二十年有余。时常有人告诉我“多么希望我像往日一样演讲”。我知道他们想表达什么。我曾经冲动，曾经风趣，也曾经把一切说得和真的似的。但天哪，那可是二十世纪八十年代啊！若你未经世事，当然可以轻而易举地成为一个轻松欢快的人。可是，当那不再现实——几十年的光阴挟带着共生的痛苦与喜悦，成为你的保留节目——声音不可能不变。问题在于，你会失去你真正的声音，还是找回它。

季节变迁，却都引人入胜。冬季如夏般美好，无论是在自然界还是在人们心中。我们不必觉得年纪大了而丧失魅力，因为我们在其他方面让人神往。既来之则安之，不为羞惭与歉意所挂碍，这是最要紧的。我们的真诚，终将弥补那消逝的美好青春。如今，虽然臂膀已不再匀称，我却比任何时候都要明白，我应该用它们来做些什么。

二十来岁时，我非常喜欢说“是的”。是的，我会来的；是的，我会做的。但当我慢慢变老，也变得更钟情于说“不”。哦不，我不能那样做，我女儿还在家里呢；哦不，我也不能去那里了，我没有空了。似乎拒绝已变得不假思索，就像是对处在我安乐窝之外的任何事物的自动应答，而我的安乐窝的范围，还在不断缩小、缩小。直到某一个年龄，我终于意识到，太多的“不”是一种毒药，教我们一不留神也拒绝了生活本身。正是这种“不”，使人苍老。

每个成熟的生命，都担负着责任。这往往使得我们一心专注于眼前的此时此刻，而从这个意义来说，“安定下来”是件好事，但这种专注不一定要以思维的萎缩为代价。如果一个人渐渐丧失自己的好奇心，那么他无法安然地成长、衰老。你也许会发现自己有这样一些想法：哦，那个博物馆，去那里，行动起来。但无论如何，一旦这段旅途成行，你会明白，你早些时候在博物馆里看到的一切，都不及现在所看到的一小部分。

若不锻炼，肌肉便会萎缩；若不思考，思维也会变得局限。

在生活的种种局限性中，没有什么比思维的萎缩更加可怕，它会为你生命里的所有可能设下难以逾越的障碍。

我们都曾见过一些人带着悲伤老去；而另一些人，充满欢乐。是时候下定决心，享用年龄增长的美妙了。要知道，青春固然是一种美妙，却不是世间惟一的美好；而感怀于这些年岁换来的终于成长，又何尝不使人慰藉。

新的机会正蜂拥而至。那些人数众多而又过度自负的一代人，已经到了头发稀薄、脊背佝偻的年纪。我们的未来并不是注定，它只取决于我们选择什么。我们可以默默地顺从那衰老和混沌的转轮，缓缓沉入谷底；或是无所畏惧地踏上新的土地——用我们已从生活中汲取的力量，向这个世界宣告，我们有权得到救赎——为了我们自己，也为了周遭的一切。

太多的东西，等着我们这一代人来承受。因为我们已经纵情欢乐了太久，而成熟得太晚。尽管时日不多，我们最终还是懂得了为此羞愧。我们拥有知识，并且还拥有勇气，去捍卫我们认为是真理的东西。生命之书的前一章已经合上，但也许下一章并不像上一章那么糟呢。事实上，还有可能变得无比美好呢。这些岁月是可以用来庆祝和珍惜的，只要我们能够鼓起勇气拿起觉悟的缰绳，为我们自己乃至世界创造新的事物。

每个人，都曾经穿越一幕独家戏剧与一段孤独的旅程。如今我们在这里相遇，仿佛是命中注定。我们将才智与信念积聚，心跳同一，点燃荣耀的光。这个年纪的戏剧还不曾完结。此时此刻，不是终点，而是起点。

每代人都带着上天的馈赠而来，尽管婴儿潮们的巨大天赋仍埋藏在深处，但他们已与我们心中的定式天差地别。他们会担负起我们遗留下的失败，仅仅把它当做一件“我来买单”的礼让，他们最终会在精神上成长。

每个人，都怀有一种“让一切更美好”的野心，但在实际中，却陷入“越来越糟”的泥潭里。每一代人，最终看来，不过是一些过客。但不管怎么说，在这匆匆而过里，我们所要做的事总是未完成。

很多出生在“婴儿潮”的人都会领悟：青春的挥霍往往不在于消磨时光，而是执著一念，只为自己而活。我们的祖辈父辈，到了适宜的时候，生长成熟，自然而然，习以为常。而我们如今却在穷尽所能地推迟真正的成熟。就像是在高压锅里文火熬炖了太久，潜在的成熟在我们几乎察觉不到的敏感细腻中，终于还是渐渐发生。本该在二十岁或三十岁明白的事情，直到我们已经四十岁、五十岁，甚至六十岁时才终于明白。不过，这也不算太晚。我们有所经历，但不曾真正体味；我们虽鲜血淋漓，却从未真正伤痛；我们开始谦卑，却无法以一颗“一切完结”的心真正匍匐虔诚。事实上，我们亏欠这个世界太多，摆脱一切责罚并非轻而易举。我们生来便带着一个承诺——让这个世界变得更美好的承诺——人人都有着兑现承诺的渴望，这种渴望任谁也无法永久压制。

有一个问题尖锐地在我们心中回响：我们要在尚存的时间里做些什么？或许这是上天给我们的死缓，让我们用这额外的时间把错误更正过来。或许在最深的层次，我们渴望着在跨入永恒之前能再有一次机会去做些有意义的事情，于是，永恒仿佛也有了些许延伸。

正是这种新生的谦逊，为我们寻求生命意义的最后一搏注入了惊人的力量。我们会与刻在我们这一代人生命中的空洞无趣断绝联系吗？即使它如今仍是我们这个时代的典型标志。我们会施展所拥有知识的力量吗？我们会与宇宙那充满灵性的脉搏保持一致吗？只为铺就那明日的永恒之梯。到那时，再也不会有人说，“哦，他们做的仅仅是放弃”。到那时，人人都会说，“哦，他们终于起程”。一旦我们抵达某个特定时点，进化之门将会再度开启——且仅此一次。这一回没有错误的余地，错误只会将我们引入死亡。

我们所说的“中年”不一定就意味通向死亡之转点，它还可以是向生之途——转折，跨过我们年少轻狂时从未也无从领悟的界限，进入新的生命层次。是的，年迈使人日益卑渺，但它也使我们参透生命的弥足珍贵与纤薄易碎。时至今日，已至我们成为长者与这个宝贵星球的守护人之时。不仅仅是一种形式，我们需要富有激情的实际行动。此时此刻，我们已经能够听见上帝的召唤。我们应该明白，这个世界，正是我们梦的故乡。

不再年轻！这种意识在此刻与我们的内心发生巨大碰撞，带着一种历史性的紧迫感。我们的眼睛头一次睁开，看清这个非同小可的事实。“为它做点什么”这种念头成了最深的渴望。惟独当我们重新扬帆起航，生命的轨迹才会为我们再次许下未来。昨日已成过往，那就投身未来吧，那个我们力所能及的、理所应当的、必然将至的未来——我们终会成长啊。

挥霍的孩子尽情逐欢，归家是那么的晚，父亲却仍喜形于色，就如我们的父亲那般。

无论你的旅途已延伸到哪里，无论你的成就已累积多少，都要明白，你是用了全部生命，才构筑出此时此刻。

那么，就让你的卓越在此刻喷薄而发吧——这种优异是在你真正体味你所经历的事物之前，永远求之不得的。你所经历的一切都构筑成你“真正的自我”的一个因子。纵使身处谷底，恍若你已沉沦，请你相信，你还可以自由飞行，直到参破那最高的天空。为时不晚，年岁尚轻。你还来得及，你会比你以为的更好。

仁慈的上帝

愿我生命的每一步

都受您福泽

愿我的畏惧

不曾阻却您的奇迹

愿我的爱日久醇香

在此之中 仁慈的上帝啊

愿这世界不会让我对您 视而不见

阿门

第二章

你相信魔法吗

在到达某个特定时刻后，生活便越来越多地与你已经成为什么样的人相关，而非你将要成为什么样的人。你曾以为是未来的东西已成为现在，却仍然无法停止怀想：如果能重来一次，将往日过得更加充实，是否今天会有所不同，变得更好？但你又如何能回头呢？曾经，你是如此迫切地憧憬着将来！

当你过了某个年纪，你难以相信你竟然曾经挥霍过那美好的青春，没有好好珍惜它享受它，哪怕只是短短一瞬。而今，你最不愿意看到的便是当一切正在发生着，你却因为没有认真、深刻地去体验和感受而浪费生命、虚度年华。终于，你懂得了，发自肺腑地，这一刻便是你的全部。

你不再闭目憧憬自己二十年后的模样了。如果你足够聪明，你会认真审视现在的自己，监督自己当下的行为。你把眼前的一切看做一种持续不断的创造，进而更深入地去探寻自己的思想、行为以及与他人的互动。“我从畏惧与孤立中走来，我便只能带着畏惧与孤立而去”，这个道理你一定懂。你苦苦探索，为求扬长避短。你抚摸心上的伤口，希望上帝能够疗愈它们；你为自己所感羞耻的事而乞求原谅；你不再奢求从外物得到满足，也不再苛求他人的完善，更不奢望能在过去或是现在得到平和的心境。你正是你自己，而非某天有可能成为的某个人。生活亦是它本身，何需妄谈“总有一天，它会变得如何、如何”。专注于自身与生活的本质，你会终于意识到这个似乎讽刺而荒谬的事实：是的，生命在于过程。

有一件事让我遗憾终身，女儿三岁时，我错过了她的学前班圣诞庆典。人总能找到很多借口来填补这种缺席。比如说，这都怪我的助理没有提醒我。但事实上，那时候，是我自己认为没有必要或者没有时间去。直到今日，我偶尔会想：如果是现在，为了女儿的庆典，我有什么是不能舍弃的呢！我只知道我所失去的——是一段记忆，以及深埋在时光的洞穴里的，本该属于我的笑容。

虽然难以启齿，但不得不承认的是，我变得多少有些像我父亲了。他四五十岁时过于沉迷于事业，几乎无暇顾及他的孩子，一周里只有一天和我们相处。每周日，我都拥有父亲，而在余下所有的日子里渴望他的爱与陪伴。很多年以后，当他的第一个孙女降临，他才开始愿意放下工作给人带来的快感，安心地享受一回儿孙绕膝的天伦之乐。

我曾情不自禁地嫉妒起这些被祖父倾心娇宠的小姑娘们。如果他也曾经这样照料过我，今日的我会是多么的不同啊。你们谁能想象出我的恐惧吗？当时我五岁的女儿用她那令人怜惜的声音嗔道："我想妈妈，就算她就在我的身边，还是很想。"

觅得那些早年不曾意识的遗憾，我们都有"从头再来"的冲动，但这一次一定要做对。或许在某些情况下是有可能的。许多不称职的父亲用那曾经缺席于儿女生命中的爱，来加倍地宠溺他们的孙辈。这迟来的救赎，终于得到儿女的原谅。但还有一些事情是无法补救或重来一次的，有的岁月错过了就是错过了，是无法弥补的。所以珍惜此时此刻，竭力地做好自己是如此重要。我们永远不会有更好的机会了。

仁慈的上帝
请您打开我封闭的心
拂去我眼底的愁云 看见光亮
跟随您 不再背离美德 迷失方向
让我做足准备去迎接那更美好的事物
阿门

有一天我对镜自照，沉浸于自我哀怜之中。

哦，我想我还记得我年轻时的模样。那时候我有紧致的肌肤与挺拔的胸部，我的臀部高翘，是那么性感迷人。那时候我活力四射，青春无限，整个人散发着青春的气息。噢，我多么希望当时能够意识到这些，在我还拥有它们的时候。而如今，这一切都已一去不复返。

然而一个声音打断了我的思绪。

“噢，玛丽安……”它说，“闭嘴吧！让我来为你描述你年轻时的样子吧。你神经紧张，惊惶不安；你思绪紊乱、纵情欢愉。爱情对你是场悲剧，才华空被挥霍。机会总是滚滚逝去，安宁却从未降临。”

“今日你所做的一切，不过是对过去的一种重复。你总幻想着如果一切有所不同，你就会更快乐。于是那时不管是一个什么样的男人，一份什么工作或是其他的东西都能拯救你于苦海，叫你不再苦恼，而今你想如果青春犹存那该多好。想想现实吧，你曾生活在你的黄金时代却浑然不觉，拥有一切却不曾明辨。世界就在你脚下，你却只愿当一个匆匆过客。”

“你想得出当时的情形吗？正如此时此刻！”

我终于开始缓慢地从“怀旧综合症”中恢复，而这种病态每隔一段时间便会出现在我的生活里，但随着时间推移，也变得越来越容易摆脱。我知道这不过是一种精神痼疾：以理想化某段时光、某种境况、某个现实，来逃避眼前的现实生活。

试图逃避眼前现实的同时，我们也拒绝了生活中的奇迹。人人皆如此，只因人人皆为自我之心所驱使。为何不摒弃这种“自我击败”的习性，培育一种更为真实的思维呢？去相信我们无时无刻不置身于完美之时与完美之地。这并不意味着我们不能或不该去改进眼前的一切，尤其是提升自我。但一味沉溺于那种“如果我还年轻，一切将更美好”的念头，最终我们只会带着疼痛逐步老去。

父亲曾经告诉我：“当你老的时候，你并不觉得自己已经老了。”我是理解他的意思的。因为我可以想象，即使我到了五十岁，我身体里，内心最深处的本我还将永驻于十五岁的芳华。那么我到底是谁？是那芳华已逝的妇人，还是那不曾为外物所改变的内在真我？我到底是那在饱经风雪后终要老去的妇人，还是那个超脱于时间洪流之外的存在？

有时提起旷远的往事，我们总会说：“我记得它呢，简直鲜活如昨日。”这是因为那些往事从某种程度上看，的确恍若昨日。如果真如爱因斯坦所言——时间是意识的幻觉——那么线形的时间本身便是一部超乎自然的存在。曾经发生过的、现在正在发生的以及将要发生的一切，都在此刻进行着。这时，从万物永恒的层面上看，才真正算得上现在。

恒定不变的自我穴居在永生之中，而永生与时间流的交点只有一个——那便是此时此刻。在这一刹那，你便是真正的你，亦是爱本身。这是完美存在的最高点，奇迹便自然而然从这里流出。这也是上帝在分分秒秒中再创的神迹。爱，带领我们告别过去，又为我们敞开一扇通向未来无限可能的门。无论你是谁，年长还是年幼，在当下，一切皆有可能。

人会衰老，精神却会长存。当更多地从精神维度来评判生活，我们的经历便开始了从变化到永恒，从有限到无限，从畏惧到爱的转变。时光的旅途总是越走越短，我们的意识却愈发辽远。我们如此受时间的影响，时间反过来也会被影响。当我们对事物中心的爱的体味愈深，我们在尘世中的潜能便愈容易被激发。对生命中恒久不变的事物的领悟，有助于我们获得力量来面对时刻发生的变数。当我们与永恒的自我保持一致时，年龄不再是一条由迷人青春划向腐朽老年的直线，而更像是一池在阳光下愈发盛放的莲花。老去，便成为了一种奇迹。

生老病死是亘古不变的道理，但精神层面上的进退仅仅关乎意识而非肉体。当我们用新的角度来看年龄时，会有一种别样的体验。我们的肉体虽免不了苍老，心灵与精神却能长葆青春。总有二十岁就苍老的人，而在六七十岁重获新生。智者中的智者，所罗门王*将他的青年时期比做

---

* 所罗门王，是犹太民族历史上最伟大的君王，也是世界上最传奇的君王之一。据《圣经》记载，所罗门在二十岁登基后。他在梦中向上帝祈求智慧，上帝不仅赐给他无比的智慧，还赐给他无尽的荣耀、财富、智慧以及美德。

寒冬，而他的迟暮之年，竟有如炽热的夏！总有人身未衰心先老，也有人已至暮年却感觉恍如少年。

当我们精神上变得更加的聪慧，能够愈发清晰地感知到那蕴涵于且造就尘世中一切现实的力量时，年龄的问题也开始转变。精神的成长令我们看到了更多的可能性。有可能，便有希望。凭借着每一句话、每一个念想、每一次行动，我们都可以选择在生命中遇到那些我们所希望的事。旧的念头总是拉开往事的帷幕，然而没有人能够阻拦我们破旧立新。

《奇迹课程》里说，我们收获甚少，因为我们的内心缺乏自制。人太容易为自我贬低的想法、约束的信念以及消极的自我评价所俘虏。并没有人逼你去想这些：啊，我最美好的年华逝去了，再也没有人会需要我，我失去了很多机遇……噢，你要知道，即便是一个小小的念头，也会加倍地放大于潜意识中，最终在你的经历中折射出来。

我们的每一个细胞都会对我们的想法做出反应，我们以无声或有声的语言参与着身体的功能运作。同样，我们也身在宇宙万物运行的规律之中。当意识变得虚渺，周遭的一切也将犹如幻梦一场。

是的，这便意味着，随着我们的每一个想法，我们都还有机会开始再创生活。

在中年，你仿佛突然看见游戏的终点，曾经你以为在那里还将会无限蔓延。你终于发自内心地明白，生命终将停止。不再有时光任你迷失自我或是犯错，不再有机会供你去弥补那些不可能维系的情谊或是沉溺于那些不真实的场景，不再有舞台让你假装渺小或是自大，也不再有那些出现于你心灵黑暗处的屏障，阻碍你去获得本该属于你的快乐。如今你多么希望自己是一架精密的仪器，恰好完成你想做的每一件事，恰好做你想要成为的那个自我。

在古老的亚洲哲学里，生命不是一个平面上的圆而是一种空间的螺旋阶梯。你这一生所经历的一切，都会以某种方式与你重逢，直到你能够真正体味。每一次重逢，你所面临的风险更大，而当你终于领悟任何一样的时候，它将给你带来更加甘甜的果实。而如果你无法领悟任何一样，你都将坠向更险峻的深渊。

在中年以前，那些你一直无法达成的事，都是你还没有将你自身的各个部分完美结合起来的预示。若你无法接受自身，试图得到他人的认同便成了妄想。若你不与存在于内心的阴影好好地干上一场，就不要指望能走出阴影重见光明。不完整的你，以及不完整的别人，在生命里相遇，现在你终于明白了吧！那已是往事，而你所要面对的是现在。

人之中年，我们有了第二次机会。将往日的剧情在余下的光阴里重演，这很容易，而同样的脚本将不断地再次向你侵袭，让你一遍又一遍地去经历同样的事。的确如此。但只要你愿意，你也可以拾起那脚本，来一次痛痛快快的改写，游刃有余地去驾驭所有的素材，并在最后来一场令所有人都深深铭记的完美谢幕。这一次，你的剧目或许会在另一个城镇上演，里面的任务也或许将有所变化，但究其本质，它仍旧是从前的那一出剧。然而，不论在上一次的演出里，你是否做好了出演主角的准备，你是否全心全意地迎接你所有面临的机遇并努力去将它们所带来的好处最大化，在这一次，都将大有不同。不过，如果在上一次的演出中，你招致了很多机会的降临，那么这就意味着，这些机遇属于你，属于你的剧本。如今，满怀赎罪的真心、人性的力量与改过自新的诚挚的你，将看到你曾经错失的机会以某种方式再度降临。

怀着最大的谨慎来完成这场改写吧。用“一切刚刚开始”的希冀取代“我已经太老”的失落；用“我此刻足够坚强”的宣言驱逐“我对此无能为力”的放弃；“选择原谅”往往好过“我责怪他们对我做的一切”；想想“我能做什么”比“我能得到什么”更容易使人快乐；不要让灵魂一再地发出“我到底想做什么”的疑问，你应该好好听听上天的声音，以上种种的改写与替代，都昭示着奇迹的诞生——你终将改写你的剧本，也将改变人生。

仁慈的上帝
我想要改变人生
愿您赐予我改变的力量
将我脑海里的一切评判扫空
将我心底的一切畏惧荡平
松开捆扎我的一切锁链
任我自由 放我返还本真
阿门

我还记得小时候全家人常去的一家饭馆。每当黄昏降临，它的后院便为一种魔幻的气息所缭绕，随处可见的气球，缤纷玄妙的彩灯。每每凝望那里的喷水池，我总深信那里有某种超脱尘世的存在在跳跃着飞舞着。当周围的人吃着晚饭，漫不经心地闲聊，我却深深沉迷于此情此景，不能自拔。此景只应天上有，此时却在窗外慢慢展开，只有我能看得到。

几十年过后，我依然能够看见。

当我们还是孩子的时候，爱死了这些东西，却一直被告知应该把这些不切实际的幻想抛在身后。我们被粗暴地卷入一个缺乏幻想精神的世界，并为了在此生存，牺牲不计其数。这个世界却没有因为摆脱柔软恬淡而变得更好。我们这个年龄所特有的刻薄与愤世嫉俗，被看做智力之表现的反讽习性，对人事的种种猜疑与求全责备，通通都是那“驱逐幻想”的世界观的毒副产品。

太多人都想摆脱苦难的转轮。我们不愿接受这样的道理，事物本身的存在方式即是它应该的存在方式。我们只想捅破那一层将我们与无限可能的世界隔离开的幻想面纱。我们想要另一种生活，为了自己，也为了这个世界，而这种念头随着我们年龄的增长与日俱增。

中年是人生中的一个分岔路。我们既可以接受现代的物质观，把生命当做是一段终将停止的旅程，我们只需不断地前进罢了。我们也可以干脆把来到这个没有幻想的世界，看成一个彻头彻尾的错误——我们就像是从伊甸园放逐出的人，来到这个幻灭的世界走上一遭——而如今，只要我们愿意，或许能在人世间寻得那伊甸园的一点影子呢。或许我们孩提时候那吸引着我们的观念并不是什么天方夜谭，它们并不曾真正失却，我们仍有希望重新寻得。或许通向奇迹王国的门就在那里，只待我们去推开它。

我们可以想到，或许还有另一条道路。

今天与古时候颇有相似之处，那时拥有“古老”智慧的人受到早期教堂的蹂躏与压迫。今天压迫我们的已不再是任何教会或是组织，而是错误的世界观。它仿佛一个多头怪兽，武断地假定这个世界是一个心灵之力退居其次的地方。无论这个压迫者以何种形式存在，或是来自何方，惟一重要的是，你可以去相信自己想去相信的任何东西。而你所相信的一切，于你便都是真实的。

我们被现代的偏见洗脑而误入歧途。理性的、机械论的世界观论者根除了色轮中的某些颜色，然后便宣告他们有更好的视力。当我们增加大脑中某些部分的能力，就意味着在另一些部分，其能力缩减。当我们将世界外的疆域也标注于地图之上——从外太空到微观粒子——我们只是粗浅地意识到一个与我们自身并行存在的宇宙。你如何能指望去导航一片你拒绝看见的陆地？

如果你想要相信你眼中所看到的一切便是这世上的一切，那么好吧，去相信吧。只要你愿意，就永远停留在那现实中微不足道的一个小角落里。但在某些时候，哪怕是在那生死关头，我们总能懂得更多。我见过一些愤世嫉俗者在临终时转向了神秘主义。我们仿佛生活在一个物质主义的梦里，却又是在那梦里，有一种源自精神本性的更为现实的东西正在呼唤我们醒来。魔法师、炼金术师、奇迹工人，是一些已从荒谬的物质之梦中觉醒而决定以另一种方式生活的人。如果这个世界疯狂了，我们还可以选择神经正常。

为了推动我们自己，也为了我们的文明能够在这进化之路上走得更远，是我们再度施放法力的时候了。有着长长的白胡子的梅林*并非生来就是伟大的巫师，在变成伟大巫师的过程里，他总有过羽翼未丰的时光。而他的转变与成长，就如同发生在你我身上的一样，将花费很多年。我们总是在还不甚明了心中念想之时便开始四处冒险，我们也总是在曲曲折折的迂回路中遇见一些无比重要的东西。事实上，神秘王国中的巫师与城堡，神勇的骑士与巨龙的故事，反而是对我们的心路历程更为成熟老练的演绎，尤其是与那些现实主义者的说教相比时。

小孩子的童话故事不仅仅是种幻想，反而我们现代的世界观却更像是虚无的幻想。

在《美女与野兽》中，英俊的王子变成了可怕的野兽——最后，无条件的爱让他找回自身。哇，这听起来简

---

* 梅林是英格兰传说中的王——亚瑟王的挚友。传说就是梅林指引亚瑟王得到了石中剑，并统治了英格兰。

直和我身边的每个人所经历的一模一样。

几年前，在我的第一本书出版之后，我的律师说起一段他同我的出版商的对话。出版商将我定位为“精神导师”，而我的律师回答道：“噢，不，她的书虽然探讨的是精神性问题，但她并不是精神导师。”我记得当时很想反驳他说：“约翰，事实上我是一位精神导师。”我最终还是没有开口，怕这样说会显得太不谦虚。我有什么资格这么称呼自己呢？然而就像《奇迹课程》中提到的那样，我们所坚决抵制的往往是我们自己创造的，我不想人们认为我自视过高，然而我的表现却让他们会产生如此想法。

噢，你觉得我如此的崇高？看吧，我同样也会犯傻！我一度以为这是一种谦逊，于是我刻意地将工作之外的我与工作时最真实的我隔离。而这种对自我的隔离将招致我们做出一些和真正的我们所对立的事情。许多人都是这么过活的：活在真实的对立面里，就像野兽在童话里也是英俊的王子的对立面。

我们在幻觉的舞台上忙得不可开交，在这出可悲的剧目里，因为自我的胆怯，出演各种可怜的小角色，重复地念叨着我们的台词，却从未意识到这并非我们与生俱来的命运。事实上，我们的脚本，在我们出生时被掉了包——我们拥有的不过是一个不属于我们的角色，以及别人的台词。

自我之心不仅妨碍着我们表达真实的自我，它同样让我们看不清我们的所作所为。我们的对立面最后却让所有人都信以为真，就连自己都以为“噢，那就是真的自我”。于是我们的行动都被这自我之心所牵引，所有人都开始相信，他们眼中所见的便理所当然地是我们的本真。谁都不再是王子，而幻化成野兽。我们由此被双重束缚：一面戴着本不属于我们的假面生活，一面经由这世界对我们进行无理的评判。

当我终于明白，高雅地接受并尊重我在这个世界里所扮演的角色并不是狂妄而是一种谦逊，此刻我终于能够抛开那已偏离正轨的人性自我。

上天让我们在地球上扮演着重要角色，只因我们是人类；我们生来便带着使命，它就刻在我们的心头；我们每个人都是才华横溢的，因为是上天造就了我们。只有接受以上这些事实，我们才能将自己从自我的谎言中释放出来。这样的信仰仿佛一道指引光明的光束，命运之吻让我们重返真我。我们终于可以抛下那个旧我给我们带来的负担，让真我重现。

如今我们所生存的这个世界，充满着各种与我们的温暖和爱相背离的东西，这一切都在不断地提醒着我们，去打破施在人类身上的魔咒以及寻回我们闪耀的自我是多么的重要。我们内心深处的温暖，不论我们称之为“救世主”还是“灵魂”，或者任何可以来形容这种与现实的争斗格格不入的精神实质的东西，是惟一能给我们带来安全的地方。我们眼前的王国并不是我们真正的归宿。而我们内心的王国才是我们的一切。外在的世界对于每个人都是苦难之地，直到我们寻回内心的王国。

当我还是孩子时，我那梦一般的神奇的本性，从未得到来自家庭或是学校的认可和支持。对于这样一个谜，正如多数人面对找寻自我的压力时所做的一样，我选择将精神和肉体分离。我和我真实的精神相分离，而我的心就像一颗牙齿一样碎成两块。我的精神游离于我之上，仿佛在一层架子上，我伸手便可触及，但愿它不会受外界的嘲讽所影响。这一切是在我年少不更事时，尽力地将我的精神置于上帝的手中，让他代我保管。

我还记得当我还是个小女孩时有一个小伙伴，她家化妆室里的墙壁上有一幅壁画。画里两个小天使躺在云端，手里拿着镜子。而这个朋友家的化妆室对我来说就仿佛一个小教堂。我总是用各种理由进到那间屋子，抬头注视着那幅壁画。我有一种感觉，仿佛那幅壁画在向我诉说着某个我曾去过并在内心心底渴望再去的地方。我很好奇的是，别人是不是也能看到我在我的“西斯廷教堂”* 的墙上所能看到的一切呢？

在我们心灵上感到被驱逐的时候，我们是多么年幼啊。当我们感到受驱逐时，就仿佛如果我们不改变一些事，这个世界都将没有我们的容身之地。惟一能够拯救摇摆在灾难边缘的人类的方法，便是修复真我与现在的我们之间的那最初的分化。

T. S. 艾略特**的诗里是这么写的：

我们不应停止探索的步伐
在我们所有探索的终点
我们将重返最初的起点
重新认识这个地方

每一个生命都是庞大世界的缩影。当我们寻得心中的真理时，我们将获得最高的创造力和才智。这一切将引领

---

* 西斯廷教堂（Cappella Sistina），近邻圣彼得大教堂，以米开朗基罗所绘《创世纪》穹顶画及壁画《最后的审判》而闻名。也是宗教的选出仪式的举行处。此处作者指的是朋友家的化妆室，故加引号。

** 托马斯·斯特恩斯·艾略特（Thomas Stearns Eliot，1888 年 9 月 26 日—1965 年 1 月 4 日），诗人、评论家、剧作家。其作品对二十世纪乃至今日的文学史影响极为深远。1948 年，六十岁的艾略特迎来了他一生中最大的荣誉——诺贝尔文学奖。

我们打开一片全新的、世俗的观念无法想象得到的天地，而我们将和上帝一起重新创造生命。与自我的重新契合，将带来我们与世界的契合。于是天地将融为一体。

2007年的某一天，在读过《奇迹课程》三十年，对其进行几千次的演讲后，我突然领悟到，我已经荣升为这个课程的高材生啦！不过要提醒你的是，我并不是个超前的实践者，而仍只是学生而已，并且这花费了三十年。

是什么让这精神知识如此难以学习和消化？当代的探索就有着趋之若鹜的本质，从而导致你认为仿佛在静修院呆上一两年，你就登上了高山的顶峰。然而我的经历告诉我，事实并非如此。我们要花费十年的时间去理解精神原理的本质，再花十年与想要将你生吞活剥的自我争斗，以及另外十年打败自我，最终你才终于能够在光芒下行走。任何以为精神之路好走的人，大概都并不曾真正地走过一条精神之路吧。

这一切意味着：拥抱光芒，在光芒中行路。还有呢，这些所谓的光芒到底是些什么？《奇迹课程》里说，光芒被解释为“理解”。这个想法多美好啊，看见光芒即理解真谛！

人之中年，我们变得更加清醒，知道哪些问题应该多注意；我们看到了并了解了自己的优点以及缺点；我们深知自己值得骄傲的地方，也明了哪些地方需要改进；我们知道我们这一生要面对解决的问题。如今并非我们学习新事物的时候，而是更深入地探索我们已经知道的事物的时候。自我意识水平的提高将带给我们突破自我的机会。

现在不是我们停止对自己的探索的时候，如今我们终于攒下了足够的线索，理清了思绪，现在便是解决疑难的时候，去弄清到底是什么将我们束缚了如此之久；现在不是轻言放弃的时候，不是说“我就是这样了，一切都太迟了”的时候，反而现在是为自己的潜能孤注一掷的时候。不要因为过了这么久你才终于觉醒而担忧。每个人都是如此。除非我们终于认清了自己，否则我们都将一无所知。直到这时，我们才有机会去成为我们渴望成为的人，便是我们出生之时，上帝想要我们成为的人。

仅因此，等待便是值得的，这些岁月便是神圣的。

直到你真正懂得了关于自身的一切，并将它们联系起来，你才算真正地活着。生活是残酷的，当你终于弄明白了一些事的时候，它恰恰到达了一个注定的崩溃点。就像青少年不得不和父母分别一样，在这一刻，你也必须同旧我分离，因为曾经的你或多或少地，并非真正的你。

明白我们并非某种人，我们才能开始懂得我们实际上是怎样的存在。

仁慈的上帝
请让我的心变得更柔软
它曾经坚若磐石
请帮助我攀越至高的理念
请指引我们去向更美好的生活
为我，也为了全世界
阿门

那些历经岁月磨练的人们，看尽了生活的一切好与不好，他们更加懂得如何去驯服那如今正威胁着地球的野兽，任它有多么狂躁、无法无天。我们疼痛地认识到，世界的黑暗是我们每个人内心深处黑暗的写照。只有驯服我们心底的兽，我们才能征服这只侵袭世界的兽。

当你还年轻，你拥有无限的精力。青年的活力不是人们赢得的，而是自然赋予的礼物。这份礼物专属于年轻人：他们以此精力来孕育并构建用以支持物质生命的躯体。

当我们的体力开始削减，我们可以用精神力量来增强它。精神力量并不像青年时的强健体魄那样，是与生俱来的，它需要我们去赢得。而通常我们将有所付出，忍受煎熬。这并不是自然的缺陷，而是自然的经济性。纵然我们拥有强健的体格，也无法承受世界带给我们的情感上的疼痛，而惟有在接二连三的头疼病痛中建立起来的精神的力量才能做到。

作为成熟的人，我们携带有一种独一无二的精神不老药。在看尽了自身以及他人心中的黑暗后，我们面对光芒时，变得更从容更谦逊了。我们曾犯错无数，所以我们深深地理解被宽恕的重要；我们曾经历经磨难，所以我们对人类的苦难备感同情。这些东西于我们，再也不是什么抽象的东西，而已植入我们的身体。如今我们已无往不胜，我们的力量是被广为需要的。我们已经来到了一个新的时代，外在的力量已被内在的力量所取代，成为人类重生和完善的重要来源。

随着我们年龄的增长，我们所开始获得的能量远远超过了我们所失去的任何能量。当我们将一件事做到了极限，终于可以放弃这件对于我们而言，再无任何意义的事情而继续前进时，我们将感受到无限的满足。中年是我们放弃一些不那么重要的东西的时候，但这并不只是因为我们的时间不多了，而是因为我们处于斜坡之上——每个人所面临的生活斜坡。我们都是在向高处攀登的旅人，这就意味着我们必须放弃一些沉重的行李。也许现在我们所经历的事情要比我们想象的更加富有自然的智慧。在所有我们遗忘的事情中，是不是有一些完全不重要呢？也许，我们的遗忘，让人生变得更简单，正是来自本性的要求呢？要想平和地老去，惟一的方法就是遵循经验的要求。

虽然大多数时候承认自己要开始放慢脚步是件很窘迫的事，然而有些时候，这不见得不是种解脱。你会发现放慢脚步未必是件坏事。其实，之前的那么多年里，我们生活的步调并不像看起来那么有助益。走得太快，错过的就多。很多时候的错误是可以避免的，如果我们不那么的匆匆来去。

我还记得小时候听欧提斯雷丁*在歌里唱道："坐在这里放松我的筋骨……"我就想，谁没事要放松筋骨？现在我当然明白了。当我第一次有坐下来放松下筋骨的想法时，我惊愕了。我想，如果我的筋骨都疲倦了，我这辈子也就差不多完了！然而我发现自己的一个糟糕的想法，我竟然很享受什么事都不做，就悠然地坐在那里！但我的确很享受。我很喜欢坐在摇椅上摇来摇去，那种感觉是我从来都没有想过的。谁知道呢，也许这些对我真的很有帮助呢！我并不需要即刻起来去什么地方或是干什么事情。当你的

* 欧提斯雷丁（Otis Ray Redding, Jr；1941 年 9 月 9 日 – 1967 年 12 月 10 日），是一位知名的美国灵魂乐歌手，以唱腔中的热情和单曲《坐在湾边的港口》广为人知。

神经都不那么兴奋了，你自然也不容易分心了。我觉得，我并不需要拼个死去活来，从而让我的存在变得有意义。也就是那个时候，我发觉，变老是个很特别的过程，但它并不是那么糟糕。

有时候我们表面上所失去的东西，其实是一些是时候要放弃的东西。也许我们就是要放弃一些东西，因为我们已经经历过了，以后都不再需要了。我有一个朋友，曾和他最好的朋友——一对夫妻坐在一起。他和他们在二十世纪六十年代一直都交往甚密。那晚大约十点时，那对夫妻的二十多岁的女儿回来了，看见他们坐在沙发上，就啧道："你们太没意思啦！从来不出门！"三人异口同声道："我们出去过了，刚回来。"

思想有自己的舞池，那便是自己。这一代人所能做的事足以撼动世界。如果说世界上最具创造力的工作是觉悟，那么尽管我们放缓了生命的步调，但我们并没有少出力，相反的，在觉悟上我们做得比以前更多了。我们的身体条件不如从前了，而这让我们在心理层面上变得更灵活敏捷了。我们变得更会思索了。我们从外部转向内部，并不是为了开始我们最后的死亡之旅，而是要在这个世界上重新播撒意识的种子。这便是当下正在发生的：我们走得更慢，是为了走得更深入，为了在某些亟须发生的改变的方向上走得更快。

仁慈的上帝
当我停留小憩
愿您与我同在
我愿奉献精神
让它重新被赋予新的活力
最后，我便做好一切准备
改变
阿门

对于自我而言，简化意味着拥有的变少；对于精神而言，简化则意味着拥有的更多。任何时候，当物质多得超过负荷，精神所能有的经历便有限。不管是收拾家居，扔掉没用、累赘的东西，还是任何其他能够减少过多的物质的事情，都将有利于灵魂得到释放，飞向自然的高度。这便是为什么当我们在翻越精神的高山时获得精神的进步时，要学会丢掉一些拖累我们的东西。

变老的过程包含着很多的放手——比如抛开一些我们所拥有的技艺，一些尘世的机遇，放手让我们的孩子去过自己的生活。然而这种放手并不包括牺牲幸福快乐。每一次我们要放弃一样东西的时候，都有一件宝贝暗藏在这次经历之中。没有旧物的终结，就没有新生的降临。

当你为人父母时，你便失去了为人父母以前的一种快乐无忧。然而当你有了孩子，你也得到了从未有过的满足。我们这一代人便处于这个阶段。我们不再快乐无忧，但我们找到了别的替代品。我们有着最深刻的感官，我们是成年人，我们到达了精神的新领域。

你已经记不起自己是什么时候开始发生质的飞跃的，但你的确是有过的。青年时期的无忧无虑已经远逝，不过也许，曾经的苦难也一并消失了。而成年时的焦躁远不及青年时的焦躁，前者仿佛不如后者那么煎熬。如今，你已阅历无数，不会像从前那样大喜大悲。你看事情的角度也不一样了，而这种新的角度引来了一个全新的自己。从根本上说，你孕育了一个全新的自己。

生命中，没有什么比感到自己终于掌握了自己的一切更让人满意的了。你不必再担心某一部分还未融入你本性的自己会跳出来违背你，和你作对。你感到自己终于完整了，仿佛你终于进到了所有的房间，打开灯，然后安然地入驻。

当身体机能开始退化时，精神便开始活跃发展，这是多么有意思啊！看着自己衰老是件很羞辱的事。人类历史已经被编码到我们的每一个细胞之中。我们的骨骼、肌肉、器官以及所有的生殖系统都在中年时转入到一种新的模式，朝不可避免的死亡走去。但愿那一切还遥远！但我们还有很多可以做的，去充实生命，充实思想。我们有很多种方法来驱使死亡的力量转化为新生的、神圣的生命。

我们可以将自己的身体视为重生的伙伴，尽管随着岁月的流逝，它开始渐渐辜负我们的寄望。如果我们只认可物质的世界，那么年龄于我们就仿佛一个不速之客。然而如果我们同样地认可我们的精神存在，那么我们对我们的身体便有着深刻的感激和珍视。因为它是我们灵魂穴居的地方。我们走路、开汽车、做瑜伽、举重、合理饮食、吸取营养物质，以及做任何其他对身体有益的事情时，我们不仅仅是远离死亡，也是在肯定生命的存在。每每活动身体，我们都是在活动我们的思想。每每伸展一次，我们都赋予了身体和思想新的活力。

根据精神文学，我们的身体将一直与我们同在，为我们的灵魂服务。当我还年轻，我太不把身体当回事，只认为这些都是理所当然。时至中年，我对我的身体十分感激，因为它如此辛劳，我也对上帝充满感激，因为他赋予我身躯。

能量的减少、时间的减少以及任何东西的减少，给我们对它的价值的衡量带来了刻骨铭心的改变。总的来说，我们的身躯就是一个奇迹。在我看来，随着我们的变老，我们应更加用心地用爱去照料、呵护我们的身体。我们的身躯经历了太多的磨难，理应得到善待。当然，我们也需要得到善待。

第三章

恰逢其时

当你步入中年时，便已或多或少领悟到了生命给我们的一些重要暗示，而这时我们要做的则是去探索蕴含于这些暗示之中的真谛。

个人问题大多始于童年，而其中多数又与我们的家庭生活密切相关。成年后，我们迫不及待地逃离我们从小生长的家庭，仿佛这样一来就可以逃离生活中所面临的种种问题。然而最后我们发现，只有直面这些问题，我们才能避免它们在我们的生命里种下苦果。

我的家庭生活就像一幅由许多碎片组成的复杂拼图，

种种问题就像里面夹杂的那些奇形怪状的碎片一样，不断地给我心灵上的冲击。很多年来，对于任何家里碰到的让我感到不舒服的事，我的第一反应都是逃避，搬到别处去住。即使数月之后重归故土，也常常来去匆匆。但是我始终相信，对于那时年轻的我，这已是我所能做出的最好的决定。然而当我日臻成熟，即将步入生命的一个新的阶段时，我发现，曾经我背井离乡，去追求的那些故乡和家庭所不能给予我的生活，那一切我所向往的，在我蓦然回首时，却尽在灯火阑珊处。

我们的家庭常常是我们将要涉足的世界的一个缩影，不论我们是跋涉千里还是足不出户。我们要从生活中学习的是心灵的脆弱和精神的崇高，是生存的不易和奋斗的艰辛，是阖家幸福的欢乐和温馨，是永失所爱的悲怆和忧伤。事实上，要学习这些，根本无须离开家。然而如果你在30年前告诉我这些，我是绝不会相信的。

童年快乐与否，都会在你的内心深处留下深深烙印，为你今后所行所思埋下伏笔。如果你曾经备受赏识，你会遇到许多伯乐；如果你曾经才华被埋没，那么你会招致更多人的忽视。潜意识中，你会被卷入那些与你童年故事几乎完全相似的人们和形势中。

小说家威廉·福克纳说：“过去并未消亡。事实上，它甚至不曾离开。”惟有我们深刻理解过往，才能不重蹈覆辙。我们越是无视童年的伤口，它越是扩大恶化；而只有治愈了儿时的旧伤，才有希望成就我们的理想。

我们可以通过重新定义我们的起源，让童年的故事得以释怀。很肯定地说，我们是家庭的产物。不过确切地说，到底是谁给予我们生命——是我们现世父母，还是永世的父母？这个问题很重要，因为不论我们认为我们的祖先是谁，我们继承着他们的优良品质。我们从生养我们的父母那里继承了缺陷和恐惧，从上帝那里继承了奇迹和爱。我们尘世的父母可能是非常好的人，也或许是坏人，但放大去说，他们并非创造我们的人。即使超人，也仅仅是由堪萨斯州的好心人抚养大的而已*。

虽然我们知道是父母给予了我们生命，而我们总有一种要疏远他们的冲动，因为在某种程度上，我们认为这并非全是他们的功劳。而当我们发现，正是他们这样的普通人将我们带来这个世界，赋予我们无价的生命，并满怀希望地养育我们，才终于幡然醒悟，我们欠他们的实在是太

---

* 超人出生在克利普顿星，外星名“卡·艾尔”。当他还是婴儿的时候，被他的父亲“乔·艾尔”和母亲“拉若”单独放进太空船中，当他乘坐的太空船离开时，他出生的星球发生大爆炸。他的太空船降落在地球。也被美国堪萨斯州斯莫尔镇肯特农场里的一对夫妇收养，改名为“克拉克·肯特”。

多了。知道上帝才是我们真正的父亲/母亲，以及所有的人类都是我们的兄弟姐妹，反而让我们能以一种更为尊敬的态度对待我们的家庭，更加深刻地理解他们在我们的生命中所扮演的角色，以及他们并未扮演的角色，让我们能更无所顾忌地去爱他们。

如今，有很多人在和父母的相处中，从未得到过适当的间歇，当成年期悄然而至，他们仍守着逝去已久的童年不能释怀。在缺失那一场从青少年过渡到成年的仪式的情况下，你也许会在潜意识中幻想一些发生在自己身上的事，不论多么痛苦，从而迫使你进入一种更为成熟的生存模式。

如今，我们都被迫成长。不仅在个人层面，也同时在集体层面，我们面临着天地万物的挑战，迫使我们将天赋和怜悯心结合，将智力和人性结合，将才智与智慧结合。那段唯美的青年时期已经离我们所有人远去。我们再也不是从前的那个孩子了。我们已站在了前线上。

通常情况下，中年所将面临的是日益衰颓的身体健康，以及我们父母亲的与世长辞。将我们带来这个世界的人通常都会早我们一步离开这个世界。他们欢喜地迎接我们来到人世；如今轮到我们与他们告别，目送他们去往灵魂旅程的下一站。

当我还很小的时候，根本无法想象如果父亲死去会怎么样。而这个念头在头几年里一直让我惊恐不安。如果父亲不在了，我还怎么继续活下去？然而目睹一个人慢慢衰老，逐步走向死亡的过程远比他已离去所带来的感觉痛苦；我发现担心他将离开人世的痛苦远胜过他已经不在人世了这个事实所带来的悲伤。面对父亲的去世，以及后来姐姐的早逝，我却从未认为我的家从五个人忽然变成了三个人。反而，我的脑中仿佛一直都有一张五人的全家福，只不过其中的两个人的影响模糊了，和其他三人的不一样。但照片还是一样的。他们仍然是我的亲人。

我的父亲是位极具魅力的人。然而因此，常有人跟随他，宁愿做他的影子。有他在这出家庭剧中担当领衔主演，谁还能像他一样表演得如此出色呢？我发现我的女儿和我的父亲有些相像，她很好地处理了一些可以说是我们当父母的因胆小而处理不好的事。我总觉得她在行动之前都会做一个决定：她既可以让妈妈这一次担当主角，而她则退居幕后，也可以闪亮登场，清楚地告诉所有人这将是一场剧团表演，谢谢大家。天知道她为什么总是选择了后一个。要我说，这对她而言，很好。

但愿这意味着，她在我离开人世以前，将积累足够的主导自己生活的经验。我很高兴地为她喝彩。然而对于我，以及很多人来说，我们至少要等到父母中有一人去世，才有机会来主导自己的生活。这也许就是为什么在通常情况下，父母总是先于我们过世，这便是大自然显著而无可挑剔的智慧所在。

直到你所在的这一代人即将成为年事已高的那一代人，你才能完全地体会到主导自己生活的重要性。所以当我们为父母的衰老而悲伤，为他们的离去而悲恸时，我们也懂得了，正如我父亲曾经告诉我的，死亡是组成某种更为神奇的秘密的一部分。于是当我现在想起父亲，我会因为他不再是那个年迈的老人而高兴。有人曾告诉我，一个人死后，他的灵魂将重回三十五岁时的状态。当然，相信有人真的知道这些事情是很荒谬的。这就好像有人会问："如果我爱的人转世投胎了，是不是就意味着当我去到那个世界时，他就不在那里了?"那谁知道呢。我相信有某种多重现实的存在，这样我的父亲可以在今年转世成为他其中的一个曾孙，而在另一重现实中他正前往几年后的欢迎团迎接我的母亲。这种"同一时间"让一切都成为可能。然而时间根本就是一个空洞虚渺的东西!

不过没关系，至少我能够肯定的是：在父亲死后，我可以感觉到他的存在。我发誓他曾缓缓地对我说："噢！这才是真正的你!"的确，他在世的时候，还没能看到全部的真实的我。然而他离开后，我便发觉他现在可以了。而且我能感觉到他的确是可以理解全部的我了。作为一个父亲，他为我做了很多，但他所做的很有限，因为他能预见到的很有限。但他的去世并没有中断我们的关系，我们只是进入了父女关系的又一个阶段。他现在所给予我的，纯粹的精神上的给予，远远弥补了他在世的时候所没有给我的。我的父亲不仅仅是变老然后死去。最终，在他死去后，他保全了自我，更超越了自我。

我也是如此。

仁慈的上帝啊
请维系我和父母间的亲情
不论他们是在人世
还是已经跨越了死亡的界线
愿爱存在于我们之间
愿我能战胜他们的弱点
也愿我能继承他们的优点
愿他们生活安康
也愿我如此
帮助我原谅他们的过错
也原谅我的过错
阿门

年轻的时候，我们曾经满腔热血、意气用事，然而时至中年，如果我们还像年轻时那样，就该改进一下了。是时候慎重地做出承诺去治愈童年残留至今的创伤了。否则，我们就得不到精神上的胜利。

从这些曾经的创伤中走出来，并不像有时想象的那般艰难，只要我们能诚实地面对那些旧日的伤口，以及应该对这些伤口负全责的人。那一道多年前别人给你的伤口，如今已经转化成了你性格上的缺点。我们不仅要对自己负责，也要对外界负责，这一点是我们所不能改变的。不论旧伤口来自哪里，不论经过了多少年，它的痊愈方法隐藏在现在，而非过去。你的潜意识将一直不断地挑起这个伤口直到你让它得到愈合——不难想象，一个五十岁的人仍有可能正经历着五岁时的痛苦。

《圣经》里说，像孩子一样祈祷，不仅仅是因为孩子所拥有的信念，同样也是因为孩子所承受的痛苦。最有效的治愈伤口的方式便是祈祷上帝能带走它。

治愈创伤不仅仅是上帝为我们所做的事，更是他通过我们、并和我们一起来做的一件事。仅仅当我们愿意去追求更高层次的思维形式时，我们才有能力去消除低级的思维形式。这个过程比心理洞察更为强大有力。“我很可怜，因为我的父母亲抛弃了我。我的真命天子是会懂得的！”这种观点的开始伴随着洞察力，然而这种洞察力却被用来束缚思想而并非解放思想。事实上，在这件事上，你的完美伴侣不会“理解”或默许你的这种行为。相反的，他会满怀深情但坚定地告诉你：“不要再想这个了。”

对于这样一件事，有什么精神上的解决办法呢？祈祷奇迹的出现吧。“仁慈的上帝啊，我表现得如此卑微，我的感情都已经受到了威胁。请改变我，给我指示，告诉我该怎么办。”其实我们所寻求的改变就在于我们自身，并且改变终将到来。我发现，只要我愿意改变，总有一些事或一些人出现，告诉我应该怎么做。当你还是一个孩子的时候，你因为很受伤而没有养成某种健康的行为方式，那么你将接受别的在还是孩子时，在此特定领域不感到受伤的人的指引。他或者她似乎神不知鬼不觉地就出现在你的眼前。渐渐地，你必定会学会你曾想要的、却因为太受伤而无法做到的行为。

人到中年的一大课题便是改变。我们现在处于一个充满无限可能的境地，这与你的生理年龄无关，这关乎世界的历史变迁。这就仿佛天地万物裂成了两块——也许就是这样。那些愿意服老，不愿承担责任，接受社会保障金，自我陶醉而不能自主，担惊受怕的人去往一边；那些希望冲破地球生命的最高可能性的人去往另一边。我们可以选择牺牲旧我，然后在一种新的自我诠释的光芒中挺立。

在我们当前的状态下，我们以及我们所处的世界，都无法走得更远。我们既可以高贵地对曾经的自己说再见，变得超越凡俗；也可以恼怒地离开这个世界，让我们的生命变得残败不堪。每一刻都是呼出旧我、吸入新生的机会；每一刻都是呼出害怕、吸入爱的机会；每一刻都是呼出渺小、吸入重大的机会；每一刻都是呼出虚华、吸入壮丽的机会。重生的过程是缓慢的，重生意味着拥抱、迎接我们真正所期望成为的那个人。

现在，好好审视一下你的生活吧。如果你不喜欢其中的某一点，那么闭上眼睛想象一下你梦寐以求的生活。然后幻想自己得到了这种生活，并身处其中。注意一下那时的自己和现在的你表现有什么不同。让自己在那片新的天地里深呼吸几秒，将你的能量扩展到这个全新的场景里。让这画面在脑中保持几秒钟，祈求上天将它印在你的潜意识中。每天重复此过程十分钟。

如果你和某些人分享这个方法，他们很有可能会告诉你，这太容易了。你愿意相信什么都可以，一切由你。

仁慈的上帝啊
请在我身上烙下
我命中注定要成为的那个人的梦想
您要我过更有意义的生活
请向我展开
解开那些捆绑我的绳索
让我更好地为您服务
阿门

我想每个人都拥有一个梦想，我们从不告诉别人这个秘密的愿望，因为害怕被嘲笑。然而这个梦想一直浮现在我们的脑海中，从不离开。

直到中年，你开始疑惑，为什么心中的梦想从没有被遗忘。你恍然觉悟，也许那就是你的命运，深深扎根于你的心中，如一棵幼小却强有力的树苗。你又开始疑惑，那梦想是否还在那里，因为你是要一直拥有它的。也许你的潜意识正在努力地向你传达某个非常重要的信息。

在我的谈话节目中，人们常常问道："我什么时候才能知道到底应该怎么过我的生活呢?"对我个人而言，这个问题转化成了：要知道我应该做什么的惟一方法是我是否在认真地成为我应该成为的人。这并不意味着我们没有别的什么更体面的事要做，但命运只能在通过我们行事的时候，才能为我们行事。将我们的注意力集中于成为他想要我们成为的人，是惟一确定的方法让我们能够一步步接近他想要我们做的事。

当我们到达一定年纪时，我们倾向于重新定义我们的期望值。当我们已经近距离将世界看得更加完全，便不再对它苛求太多；我们知道，人无完人，我们自己也都是不完美的。也正是这个时候，我们对完美的所在更加珍惜。自我的虚华在消褪，而精神的壮丽最终显现。

你生命中，那正带着所有欢乐和泪水结束的部分，是精神孕育的温床。现在便是躺在你眼前的新生命的孕育期。那个你怀抱已久的梦想，尽管你曾经甚至欺骗自己它的存在，而现在，在拒绝离开的多年以后，它已做好一切准备，降临成真。

生命中，我曾几次听到脑海中响起声音，那声音清晰如有人在我身旁对我说话。曾经某段时间，我觉得生活灰暗，我可能再也无法度过，那时，我听到脑海中的声音："这不是结束。这只是开始。"

的确如此。

新生来自于人性特质而非计划。在觉悟这句话前，你也许会认为为你的将来制定计划、绘制蓝图或者什么别的方法，是胜利的关键。然而成功的关键要从我们自身找寻。你所做的事要和你现在所处的状态相匹配，否则这种不和谐将导致你的失败，无论你的计划有多么精明。

最近几年，目睹商界和政治界的风云人物惨遭失败，是件很有意思的事情——他们的失败并非是因为计划错误，而是他们的性格缺陷所致。要不就是麦克风捕捉到了他们的种族歧视言论，要不就是他们的贪婪淹没了常识，不论他们是什么人，一旦失足便致千古恨——不论他们有怎样的经历、学历，有过多么辉煌的成就。如果你学不会做人，就必将招致灾难的来临。那么，我们如何培养优良的人性？我们如何完成自我的升华？

就我所成功达成的其中任何一项而言，我所知道的是，正确的生存之路并不是一蹴而就的。不论你刚出生时是天才还是笨蛋，都丝毫不影响你的信仰，而这和个人的属性相关。我们的身心不仅仅通过信仰来升华，因为信仰并不属于身心。身心的升华无法通过思想来达成——它的达成是通过屈服、真诚、宽恕、信念、诚实、包容、软弱、谦逊、自愿、不妄自批判，以及其他需要学习和不断地反复学习的性格特质。

上学的时候，我们可以逃课，然而生命的课程是逃不掉的。它们终将找到我们。如果到了该学习某件事情的时候我们不学，那么它将自动归入天地万物，而我们迟早有一天是要学习的。《奇迹课程》里说，我们无法选择学习什么或不学什么，我们只能选择在快乐中学习还是在痛苦中学习。

但是到了中年，我们便注定要学习。无论曾阻止你展现出最高尚、最优秀的自我的是你身体里的哪一部分，现在，到了它们消失的时候。不论是以什么方式，它们总是会消失的。

让自我成长的疼痛成为对你的精神进行磨砺的严峻考验是生命最崇高的召唤之一，犹如在炼金炉中升华旧我。疼痛可能会让你烈火灼身甚至毁灭你，也可能会让你在火焰中涅槃，获得救赎。疼痛会带给你挥之不去的绝望，也或许将带你超越旧我。时至中年，不论是有意识的还是无意识的，我们最终必须要抉择，是甘心沦为牺牲者，还是浴火重生。

成长很艰难，塑造全新的自我更难。变老是必不可免将要发生的，而变聪明却是另外一回事。当我们到达生命的某一点时，多数人都是受过伤的。我们都失望过。我们都曾看着梦想毁灭，而且难以原谅自己或者别人。年龄带来的挑战不是忽略曾经的失望，而是去超越它们。我们从失望中学到东西，从而超越它们。不论有多么的疼痛，等到我们终于可以从中摆脱出来的时候，便可以在上帝的帮助下，创造新的生命。

仁慈的上帝啊
让我的精神重生
这样我便能成为一个更优秀的人
我将曾经所感到的羞愧
献给您
以及我对梦想成为的人的希望
请收下它们吧
阿门

这些都不是那么容易的。

内在的自我并没有要我们随着成长和岁月的流逝变得更加活力四射、生机勃勃的意思。它也没有要我们充分感受自己是赋有一切权利、快乐的精神人物的意思——并不是说这会有所帮助。自我要毁灭这个梦——不仅仅是在身体上击垮我们，更是摧毁我们的心灵。

身居我们潜意识中的自我，操纵着我们的噩梦。它为我们的罪恶感和谎言编造伪证，想方设法地羞辱我们，让我们狼狈不堪，并在每一个拐角不断地变换着方式来讥笑、嘲弄我们。让我们误入自我怀疑、自我厌恶的黑洞里，而那些隐秘的和明显的问题开始出现在我们的眼前。时间一点一点地逝去，我们的勇气随着肌肉的紧张度一点一点地流失。

而这一切不过是每个人都必须要面对的生活罢了。没有人能躲过黑夜，不论我们多么努力地试图留住白天。然而黑夜中也有很多我们需要学习的。在生命中的某个阶段，我们注定要面对自己：面对自己心中没有愈合的伤口，要么去治愈旧伤，要么就死于旧伤。

当你回首过往时，发现你一直在和原始的力量争斗，而你时输时赢。请相信，你和所有人都是几乎一样的。人到中年，大都是经历过很多伤心事的。不论你是否承认你流过泪——不论你有没有给泪水涌出的机会——不可否认的是，它们确实存在。

因为骄傲于我们的现代化，我们这一代人都认为古老的神话和典故对我们不会产生丝毫影响。我们以为我们可以避免沦落到精神的下流社会……直到我们发现没有人可以避免，也从未有人做到过。这是有原因的。不论承载着个人痛苦和危机的世界有多么困难，它将无可避免地成为我们与生俱来的力量和天赋的滋生地。当我们开始尝试着面对我们所制造的问题，它们将自己转化为我们的解药。这种灵魂的解药——入口时通常很苦涩——终有一天会被你视为拯救你生命的解药。从离婚到生病到破产，或者任何其他类型的缺失，你终将意识到，你曾经经历的危机其实是带你走向完整的自我的开始。

当你经历过重生之火，你便可以以一种全新的方式来服务他人。你将是一个生命进化的活生生的例证，你的每一个细胞都充满了神圣的知识，你的脑子里你的心里都燃烧着神圣的火焰。这不是青年时期的如火般的激情，而是造福人类的普罗米修斯的火焰，仿佛他带着能照亮世界的光芒出现了。这种光芒只有在你经历了各种形式的人间地狱后才能获得，而现在你已融入到这片在你周围迅速蔓延的生命的火焰里。有时候，只有火可以扑灭火，而这种火正在你的体内熊熊燃烧。这不是摧毁你的火，而是你的胜利之火。它便是你的中年之火。

第四章

惟有上帝知晓

几乎任何人都会在某个时刻被他们所经历过的遗憾所困扰——那些他们想做没有做或是本不应该做而做了的事情。有些情形在经历的时候很模糊，然而回想起来却是历历在目。比如，从远离家庭到遗弃朋友，从游戏人生到浪费机遇。

就在我们终于发现那些生命中最重要的事情却被我们漫不经心地无视，我们疯狂地抱怨着，那时我们只是在试图寻找其中的真意。而我们却一直没能如愿，不是因为其他什么原因，恰恰缘于自己没有赋予眼前的境遇以真意。

真意不是事情给予我们的，恰恰相反是我们给予事情的。但是那时又有谁知道呢？

当我们意识到自己没有怀着本应有的尊重来对待生活的时候，真是让人惊恐。出生于二十世纪六十年代的人们正迈向中年，他们普遍地都认识到了这一点。在粉碎过时的道德信条的同时，我们也将一些亘古不变的信条抛之脑后。这并不意味着我们应否定那些时代的残暴，在很多方面，它是我们自身甚至整个社会的一次创新的革命。然而，正如凡事必有不好的一面，这里也一样，而且从某种意义上说，直面事情的阴暗面恰恰是我们能够驱逐它们的惟一方法。

那些心灵中“黎明前的黑暗”，即正视由以往错误累积的自身厌恶感，就像一张可使我们进入有活力的中年的门票。有时候，遗忘过去的经历才能让我们轻松前行。很多人都有过类似经历，写过或收到过这样的信和电话：“伤到了你我真是后悔，当年我竟然是那样白痴。”先不管我们走出这一步可以抹掉过去多少不愉快，这本身就是一种幸福，因为我们已经释怀了太多过去，多到可以让我们重新成长。

有些人疑惑为什么自己总不能前行——尽管事实上阻碍他们的仅仅是他们不能坦然面对但仍然需要面对的事情，不能承受仍然需要承受的阴影，而且没有做出保障我们轻松前行和顺利起航的改变。只要我们暂时被困住了，我们就可能永远被困住，惟一可以开拓我们生活的方法就是我们是否愿意思考。它是多久前发生的，现在克服它需要多大的努力这都无关紧要，你目前要做的是面对并处理它，进而以后不会再受到这些问题的困扰。

任何东西都可能让我们慢下来。心理上的事情做起来相对容易，比如相比出去跑步，我们很容易就坐下来思考。一个疯狂的活动计划可以阻止我们对自己进一步思考，但是到了中年这些就不再起作用。更慢的生活节奏、屋子里的蜡烛和轻音乐、瑜伽、冥想以及类似的事情都是内心重生的标志。我们关注促进我们深入思考的变化。我认识一位从八十岁开始接受心理咨询的女士。她的理解认识不单单影响了她自己。它影响了她与她孩子的交流进而又影响了下一代人之间的沟通，像神话一般一直延续下去——这都源自于她对自己更深刻的理解。

人到中年，多多少少会有些心灵上的痛楚。他们可能危害你的身体，也可能就不了了之。这恰恰也是我们所能做出的两个选择。

抑郁对心灵的影响有时就像是发烧对身体的影响。耗费掉需要耗费的，进而就可以恢复健康。有些低落持续数月甚至数年，有些则仅仅一两天。无论哪个，都是我们对沉积的害怕和失望的发泄的一部分。所有没有与事实相符的想法都停留在我们的精神层面，就像是进了回收站而没有永久删除一样。所有没有用到的力量，不管是被围住还是被转化了，都还隐蔽在暗处——是一股对永恒的威胁，正在有力地伤害着我们的身心。

除非你生活在一个世外桃源，那里的人时刻都很和善，否则即使你拥有幸福的生活，还是会受到痛苦的折磨。当你三四十岁的时候，你或许忙到感受不到这些折磨，但是到了五六十岁，他们就迟早会浮现出来。自己在心里感受到它们要比它们已经体现在你的体检报告中要好很多。

打开电视总能看到一些助眠药物的广告，这是理所当然的，因为对于第二天要早起工作的人来说，总要想尽办法睡好。但是往深一层想想，人们为什么要向外界寻求帮助来对付那些夜里出现在自己脑海里的恶魔呢？有些恶魔是一定要除掉的，他们需要从滋生的地方释放出来，确确实实他们带来的是痛楚的信息。然而他们所带来的往往都是很重要的痛楚的记忆。如果你没有负罪感，你又怎么会有动力来做出补救呢？如果你没有厌恶感，你下次又怎么会认真地对待类似的问题呢？如果你无视这些痛楚，那么你将错失收获的机会。仅仅压制这些恶魔只能使他们越来越猖狂。允许他们出来而且让自己情愿面对他们——这才是确保可以驱逐他们的惟一途径。

面对过去真的不是件容易做的事情。这里指的是那些你蓦然回首就会为之疯狂的真正的记忆，而非那些经过粉饰和修改的版本。事实上，他们并不是那些你不想让别人知道的事情，而且他们可能要比别人的事情还体面好多。相比别人而言，你做得也许不那么糟糕。但是一想到你那些没有尽自己所能的事情总会有一丝痛心疾首的羞愧感。而这羞愧感时时刻刻缠绕着你，或许那些自我感觉良好的时候不怎么常见，但是到那些你采取药物、饮酒、性爱都不能顺利入睡的夜晚就很明显。他们就像恶魔一样在你封闭的思想里。事实上他们也就是恶魔，多少次奋力地挣扎都无济于事。

仅有的彻底有效的方法或许就是做一些于道德上无伤的事情——勇敢地尊重你的认知，去了解那些需要你回忆的事情，然后尽力去回忆。这一过程将无比艰难。古希腊戏剧家埃斯库罗斯说过："有得必有失。而且即使在睡梦中这些痛苦的记忆也会不断骚扰你，伤及你的心灵，然后使你绝望，违背你的意志，最后以主的名义给你智慧。"无时无刻地麻醉自己也不能解除这些痛苦，仅仅能做的就是宽恕和爱。然后，通过宽恕的魔力，这些恶魔将最终化为乌有，进而不再影响你。然后，痛苦结束了，你也自由了。

仁慈的上帝
请宽恕我
过去犯下的错误
或许是我
或许是别人
被这些困扰着
主，请您
让我重生
阿门

自我主义在中年最荒谬的表现之一就是你对自己不断地暗示："我们过时了。"因为时间会随着我们的意识延伸而延伸。我们真正的敌人并非客观的时间，而是我们对时间的错误认识。

《圣经》中说"时间应该是不能被延长的"，但是这不是暗示世界末日，而正是在影射我们现在对时间终点的认识。五十岁以后，如果我们生活充实，将会比我们二十到五十岁期间生活得更好。事实上，我们拥有比我们想象中更多的时间，而延续时间的重点就是我们能在此刻更有意义地生活。当我们这样做时，就会察觉到有趣的事情：我们错过了生活中存在的机会恰恰缘于我们的节奏太快。

人，在经历了足够多之后，总会有不再天真的时候。

我们知道有得必有失，两者相辅相成，我们有快乐记忆的同时也伴随着忧伤。我们的挑战，无论何时，都是不要让自己生活在记忆里面。

只要有生活，就一定有爱存在的希望，有爱的地方同时也就伴随希望。无论你外表怎样变老，也无论你的身体状况如何，总要希望存在。但人们总是贪婪地这样认为，我过去做错了太多，现在已经无法救赎自己。或者是，社会的残酷已经将我伤害得体无完肤。但是中年的奇迹就是你现在担负的与你前一刻经历的都没有关系，除非是那些可以有益于后来的经历。

当我们以最佳状态前行的时候，奇迹将会产生于任何时刻。不是我们的年龄来决定我们当下的生活，而是我们有多少爱。我们的将来与我们过去的经历毫无关联，无论是二十年前的还是三十年前的，甚至可能是十分钟以前的，它是由我们在当前、此时此刻的认知和思考决定的。我们在生活中的每时每刻都可能会有这样的感觉，我们和前一秒已经不一样了，因为我们知道了自己前一秒所不知道的事情。而且就是这种革新让我们拥有了很多不能想象的新的机遇，生活总是会偏爱新生事物。

我曾经有过一段令自己极度低落的经历，我觉得被它伤害很深，而且对未来没有了一丝幻想。那时候，我搬到了一个靠海的地方，在那里我每天都可以看到日出，这是我这一生看到过的最美丽的风景。每天早上的天空就像日本的木雕，渐渐地唤起生命。我从来没有经历过自然界给我这么大的鼓舞。它的神奇真的难以想象，我肯定我是被命运指引来到这座房子的，卧室的风景就是命运为我治疗的一部分。

每天我都会紧随太阳的升起自然醒来。我躺着，等待拂晓将我覆盖。日出和紧跟着黑暗的夜晚而诞生的新的一天，进入我的每个细胞。而且有天早上，我仿佛听到了一个神秘的声音告诉我，就像我在目睹的日出一样："这就是我原来给予你的。"当饱经心里折磨之后我也将经历一次新的黎明，上天将给我一个新的开始，我那时就知道。当我闭上眼睛，慢慢睡去，我深深地感激上天，使我心灵得到治愈。

当看奥运会花样滑冰比赛的时候，我常常深受震撼。这些运动员都是经过了长时间的训练，然后在全世界的电视观众注目下参加他们生命里最为重要的比赛，却可能会在一瞬间后经历一个足以粉碎他所有梦想的跌倒。也许我们中的大部分就在那个瞬间倒下了，但是他们没有，他们继续。他们就这样没有让自己的将来受到过去的影响。这不单单是一个生理上的技能，它也是一个情绪上的技能，一个心理上的技能。这个技能是每一个向往拥有宝贵而绚丽的后半生的人都应该去发展的。

这并不是简简单单的“过去的都已经过去”，这个话题更大，更神圣，即迄今为止发生的都是一些教训。这些教训中，不同寻常的居多，痛苦的居多。而这所有的一切赐予了你机会，让你成为你能成为的人。一些已成过去，但是你失败了，所以必须从头再来。一些你欣然接受，一些你拒绝甚至可能讨厌。但是如果你选择了，它们会让你成为一个更好的人，更幽默的人，更有价值的人，更敏感的人，更有智慧的人，更高尚的人。从那时起，一切皆有可能。年轻是精彩的，但是如果你没有成为你应该成为的人，那当你年老力衰时，你会发现年轻并不精彩。一旦你意识到这些，你会明白老年也是一种美。年轻不是创造神话的必要条件。

我们怎样才能做到像那些溜冰者那样激情澎湃？当生活让我们跌倒时，我们怎样重新站起来？我们怎样战胜过去？

没有宽容，一切无从谈起。

一天晚上，我躺在床上，快要睡着时，我意识到自己来到了一个多维的空间，这是一种我从未有过的经历。在这个空间，我知道自己老了，而我进了那个地方正是因为自己老了的缘故。那里有一盏明灯，以前我从不知道它是什么，就在那一刻，我突然看到。那个世界不是一种欺骗，那是奖赏。我就像是得到了一件礼物，而非增加了一个累赘。

“啊，这说明我真的老了。”我对自己说。我觉得老年是如此的棒！但是立刻就有一个清晰的回应：“哦，并不是每个人都这样认为。”当我寻访内心这块领地时，我知道那块领地不是靠给予，而是看你自己的选择。我明白那些转瞬即逝的礼物只是一种怂恿，一种展示，展示给我看我应该得到的。但在得到之前，我应该学会宽容。

当别人以你所期望的方式对待你时，你很容易保持真诚和友善，但这在生活中是不现实的。世上没有完美的人，每个人都会受伤。我们中的大多数都会有那么一两次被他人的无意粗鲁所刺伤。

宽容蕴含于信仰之中，那就是爱多于恨。宽容蕴含于期望之中，那就是期望找到灵魂的闪光点，尽管那人的人格丑陋。宽容并不意味着我们不会做出粗暴的举动，只是我们不再在别人的罪恶中苦苦纠缠。当我们把注意力集中在别人的罪恶上时，我们好像是自己变成了那样，那简直是自作自受。让我们从别人的罪恶里解脱的惟一办法就是：

抛开他人的罪恶去看待他们。抛开他人的罪恶，我们会发现一个个纯真的灵魂。如果那样做了，那我们不仅把他们从谴责中解脱出来，与此同时，我们也解脱了自己。

这就是宽容的神奇。

宽容并不仅仅是行为上的友好，更是精神上的理解。我们可以继续对他人不满，也可以相信宽容的伟大，但二者不能兼得。我们可以自建城堡抵御他人，我们也可以无忧无虑，怡然自得。任何攻击他人的正当理由都是自尊心的策略，它们一步步使自我跌入痛苦，无法自拔。

多年来，我一直拥护这样一个理念，那就是：我要对我的生活的百分之百地负责。是的，我要百分之百地负责，而不是34%，或是96%。只有你愿意为你自己生活的负全责，你的生活才会过得精彩。

一些人对二十年前的某件事心怀不满。从某一点来看，我们把所有的问题都归罪于那个曾经伤害他们的人。不管他们曾经受到过什么伤害，真正的错误在于二十年过去了，他们依然没有从别人的伤害中走出来。

在你生命里的某一刻，会发生一些糟糕的事情。但是你依然有责任去选择，给那些糟糕的事情一个诠释。你对过去的诠释决定了它们对你的作用，是让你精神振奋，还是让你意志消沉。是的，有些人是故意刁难。我能理解。但他们这样做或许是你的行为方式所造成的。或许你的生活贫穷、无趣、糟糕、绝望，但是你有义务去抵达这些黑暗的角落，做出改变。

宽容并不简单，但是却十分必要。

我的朋友吉娜以一种糟糕的方式结束了一段感情，离婚给了她机会在宽容和责备中做出选择。十一年中她一直认为自己的婚姻是美好的，任何一个看到他们夫妻俩的人都这么认为，然而她的丈夫却选择退出了。我研究的关系学从来不是指一个人，所以我在这就不单独对任何一个人的行为做评价。但当我密切关注她时，我知道她选择了宽容，她的宽容也得到了回报。在离婚后的一年中她痛苦吗?当然。但是她一直祝福和宽容她的前夫，那个她不愿意忘记但是却早已将她抛之脑后的人。吉娜的行为不仅感染了旁观者，也再次证明了宽容的神奇力量。尽管婚姻破裂，但吉娜一直觉得两人之间的爱依然存在。虽然受伤，但是她并不痛苦，她坚持自己的信仰。他可以放弃婚姻，但是她不会丢弃两人之间的爱。十八个月之后，他们和好了。尽管婚姻不再，但友谊长存。

这对吉娜来说是很重要的，不仅让她坦然面对自己的婚姻，而且让她对之后所遇到的男性都能坦然面对。如果我们把过去的痛苦带到现在，那它们甚至还会破坏我们的将来。离婚后，我和女儿还开玩笑说吉娜其实是一个充满魅力的女人。我们明白这其中的原委，吉娜让自己去感受痛苦而不是抵御痛苦，这让她变得更加感性而不失坚韧。失去了爱情，她没有像其他人那样变得强硬。我关注她的婚姻，她一直在倾注爱，从来没有一丁点的强硬。

在剩余的生命中，你可以让自己的过去重现甚至重演，但那并不能把你引向光明的未来。你怎样面对自己的过去，每一个遇见你的人都会下意识地知道。他们会知道你是在过去中徘徊不前还是你已经跨越过去，现在变得更好。“宽容和忘记并不是等同的。”当心！怀旧会让你深陷过去的遭遇而不能自拔。忘记痛苦，记住教训。卸下包袱，拥抱蓝天。

上帝，
请教诲我如何宽容
让我看到他人灵魂的无邪
以及我自己灵魂的纯真
我交给你
我的思想
请让它们到达那片温柔的宁静
这些只有宽容能够赐予
阿门

这种基于恐惧的自尊无时无刻都不得不寻找尊重自己的理由，这让宽容变得不是那么容易。自尊受两个因素的困扰：一个是他人，一个是你自己。

有时候，在你眼里，你固执地认为，你自己才是那个该被检举揭发的家伙：是自己做错了事，是自己傻，是自己不够成熟，是自己不负责任，所有一切都是因为你自己。

检举的证据到处都是，审判室就在你的头脑中，但这时自尊心并不是寻找公平而是在寻找罪恶感。你接受自我审查并不是发现自己做错了什么，而是觉得自己一无是处。这是一个重大的打击。一想到自己一无是处，谁还会安然入睡呢？

左思右想，你都觉得自己应该是罪魁祸首，因为任何理由都是那么清晰可见。当二十年前的糟糕的回忆像来自地狱的炸弹一股脑射入你的大脑中，某种程度上讲，这是令人愉快的，但是你却让这些回忆无处容身，最后统统归为一类——“都是我搞砸了”。当你觉得以前不堪回首，你还怎么相信美好的将来？当你如此残忍地看待过去的自己，你还怎么对未来充满希望？你还怎么在那些无礼的起诉中保护好自己？

宗教的理念“永远在地狱里煅烧”，你明白吗？是的，你明白。那就是永无止境的焦虑、罪恶感和仇恨自己。并不是死神将你带入了地狱，而是你思想的敌人将你领向了那里。自尊、基于恐惧的自我、心理阴影，随便你怎么称呼，它就像一个殷勤的巡警，不放过任何一丝你思想中的宁静，统统焚毁。

我将会从地狱之火中获得重生。之所以抱着这样的信仰，是因为命运之神是你纯真心灵的守护神。上天创造了纯真无邪的你，他的创造是不可改变的，不可破坏的。你做过错事？谁又没有呢？但是上天的旨意是让我们改正错误，而不是为了惩罚。我们被违背宗教的恶行所惩罚，而不是我们做错了事。是自尊让我们做错了事，而又是自尊让我们为此受到残忍的惩罚。

当自尊向你发起攻击时，仁慈的上帝早已撤消了对你的起诉。你所犯的错误，不管它多么严重，都不会与你本身脱离，那就是为什么要记住你自己到底是谁的原因。只有那样，你才能从自责的炼狱中解脱出来。

你并不比别人好，也并不比别人差。不管你对自己的过去如何悔恨，一定会有更加悔恨自己过去的人。通往幸福的道路并不是由我们是否在过去犯过错来决定的，而是我们能否将错误转化为自己成长的催化剂，照亮我们前行的道路。

想想过去所经历过的所有事情，试着温柔地重述。你所给予的爱才是真实的，任何人所给予你的爱是真实的。除去爱与被爱，一切都是虚无，不管你在经历的时候是多么痛苦和残忍。

我并不是冒昧地想对你说“宽恕自己”。上帝宽恕你，因为他从来都把你看做是纯真无邪的。你的错误并不会改变你的本质，也不会改变宇宙中的自然规则。你的自尊并没有那么强大。为你的错误做些补偿，如果可能的话做出修改，然后你就可以自由地重新开始了。

在《奇迹课程》中，当你没有做到最好的自己，或者说你没有做到你喜欢的自己时，你最好的自我仍然忠实于你，直到你欣然接受他。生活会归还你那被剥夺的日子，但对你自己来说，往日不再。

有恐惧的地方，爱必然也会存在。在关于你犯的错误和这个残忍的世界的问题，命运总是会有最终决定权，上天会让你知道你其实是被爱包围的。

仁慈的上帝

请教诲我如何宽恕自己

对于我所做的和没做的

请在我身上倾注

您无尽的怜悯
只有那样才能挽救我的生命
上帝
请带走我的羞辱
安慰我受伤的灵魂
阿门

每当我回忆过去受过的伤，都会记起那些过去比我、甚至比任何人都悲惨的人。但是就是那些曾经人生道路无比惨淡的人，他们也依然勇敢地走了过来。

我的朋友娜奥米八十九岁了，是大屠杀中的幸存者。当德国的军队在 1939 年 9 月 1 日侵入波兰边境时，刚好是娜奥米十九岁生日。那时她住在华沙，如果不是因为战争，她本该在伦敦上大学，享受年轻的生命。但战争爆发，她跟着母亲、丈夫、弟弟和姐姐四处藏身，躲避纳粹。她的父亲已经被俄军逮捕，送往西伯利亚。1943 年，躲过了华沙的轰炸，娜奥米和家族中的剩余成员被推进一辆运牲畜的汽车，送往奥斯威辛集中营。这是一次恐怖的旅行，因为不计其数的人在旅行的终点命丧黄泉。

娜奥米在奥斯威辛集中营待了三年，从二十二岁到二十四岁。对我们来说，那个年龄的主题应该是浪漫、职业和爱好，而娜奥米的则是希特勒。

娜奥米的丈夫、母亲和姐姐都死于奥斯威辛集中营。她的母亲在火葬场里被火化，之后她的姐姐一天早上告诉她明早不去工作了。“我再也忍受不了了，”她的姐姐说，“我不能这样活下去。”姐姐失踪了，再也没有回来。数以万计的人被关在纳粹的集中营，在那里他们被残忍地迫害。

最终，娜奥米在战争中存活。1946 年她移民到了美国，在那里她结了婚，却又一次成为寡妇，一个人抚养三个孩子长大。即使娜奥米选择放弃，她仍然值得我们尊重，因为我们知道她的艰辛。然而她过去和现在都没有轻易放弃，她的坚毅超乎想象。她把三个孩子养大，还开了一家进出口公司，事业有成。一路走来，她的事迹感染了她周围的所有人，包括我。

在 2002 年，娜奥米和儿子回到了德国，当飞机靠近柏林时，她透过窗户看着下面的土地。儿子问她有何感想，她的回答让自己都感到吃惊，她说：“感觉很奇怪，但是我觉得很好。我靠自己来到这片土地，而不是靠别人。如果我愿意，我还可以再来。”

娜奥米参观万湖时崩溃了！在万湖，希特勒和他的高级助手们曾于 1942 年下了最后通牒：灭绝犹太人。但是她继续勇敢面对过去。在 2003 年，她带着复杂的心情进行了她的奥斯威辛之旅。她一路哭泣，思绪无法平静。奥斯威辛集中营的门上写着充满讽刺意味的题词："劳动让你解脱"。走进门的那一刻，娜奥米觉得自己非常坚强。一切没有像她预想的那么痛苦，反而，她觉察到精神上那种胜利感，因为她意识到："哦，我的上帝，我回来了——我还活着。我来到这儿原本就没打算活下来，但是我却活了下来。那个想毁灭我的人最终毁灭了他自己，我活了下来。我是幸存者。"那一刻，她明白了幸存者的含义，不仅是肉体上的，更是情感上的和精神上的。她自由了！

"我觉得自己不可以忘记过去。"娜奥米说，"但是我不能活在过去，尽管我是大屠杀中的幸存者，但是我从未对大屠杀有过任何评述。"

"我的一些经历是如此骇人听闻，但是我总是期待好的事情发生。我如此有同情心，正因为这样，我认为自己是一个好人。"

"我们总是充满希望，尽管一切都是那么渺茫，我们仍然一致觉得想一些事情会好一些。我明白我必须憧憬未来。我总是问自己我应该怎么做才能让自己更有成效，我想为未来而活，为自己而活，为我的孩子们而活，我做到了。"

每当我感到沮丧时，我就想起娜奥米。我想起那些在大屠杀中没有存活的人，想起那些即使在今天，在索马里和其他任何地方正在忍受着残暴的人。感谢上帝，让我远离那些酷刑，感谢上帝，让我有了现在的生活，尽管生活并不总是有惊喜，但仍然每时每刻要感谢上帝。我也是这样做的。

既然娜奥米能在自己过去的痛苦中觅得新生，那我们又何愁没有勇气开始自己的新生活？不仅仅是为了自己，也为了大家共同的希望，我们要竭尽全力在生活的废墟中站立起来，尽管那些早已被我们的过去摧毁。昨天的却存在，但已成为过去。今天就在眼前，明天还在等着我们。

昨天发生的事也许并不是那么精彩，尽管这样，你的昨天让你变成什么样的人，这个依然由你自己决定。有些人只经历了娜奥米所经历过苦难的小部分，但是他们却选择终日沉浸在抱怨与痛苦之中。娜奥米的事迹证明了过去并不能局限现在的我们，真正决定我们的生活的不是生活所强加给我们的东西，而是我们对待它们的态度。

既然我的朋友娜奥米在经历大屠杀后还能继续热爱生活，那么我们又何尝不能？

第五章

她的行为方式及发色

我一度认为在五十几岁的时候，我将安心地不再躲藏。年轻的时候，觉得世界如此可惧，总叫人捉摸不定，或许只是对我而言吧，于是我竭尽全力地躲避。总有人看看我的事业然后说："那怎么能叫做躲藏呢！"他们并不了解，其实每个人的内心深处都隐藏着不为人知的秘密。

我体验过那种奇怪的"美国分歧"，它是令我们这一代女人尤为苦痛的精神疾病。同大多数人一样，我也是在不经意间才意识到它的存在。我们以解放的名义去战斗，却默许了这样的潜台词：只有我们变得像男人一样，我们才能得到真正的解放。我们可以火辣而性感，也可以聪明干练而被人当回事，却无法两者兼得。所以大多数人都在做些身不由己的事：压抑心中女神的一面——那野性而又睿智的女人，只为迎合与维持这个人人都在潜意识中轻视着女性的世界。

直到我四十岁之前，我想我并没有痛快地享受过作为一个女性的愉悦，某种羞耻感总是若隐若现。之前，我对这种感情充满矛盾。我的那些关于“作为一个女人充满趣味”的暧昧论调也引起了和我一样的女人以及男人的怀疑。如果我们因某事而内疚，那么身边总会存在一个人，折射出我们的罪恶感，明言出我们不愿言明的自责——无论我们是否理应受到责难。无论我做了什么，哪怕有多无理，只要自我感觉良好，周围的人也会这样去想。但倘若我对什么感觉不确定或是羞耻，身边就总会有人举起责罚的大棒，毫不留情地向我砸来。人到中年的好处之一便是终于可以不去在乎别人的看法。我们已经经历了太多，了解自己内心的真实感受，我们已经准备好顺其自然地继续生活，只要我们觉得这样很好。

在潜意识里，我是典型的那种“父亲的女儿”，或许也不是潜意识里，但我像极了我的父亲，给人一种“母亲不怎么重要”的错误印象。这种在我现在看来是“男性优越主义”的谬见教我付出了多大的精神代价啊。母亲知道那么多关于世俗的、智慧的事情，她总试图传授给我，我却拒绝倾听。

曾经我与女友们坐在一起，讨论起一个朋友是否该去堕胎。母亲忽然出现说：“你们难道还没有长大吗？你们难道不明白这个世界上的孩子，存在即是合理吗？”一个朋友指出来，孩子的父亲还不知道是谁呢。母亲冷冰冰地回应道：“你们以为你们所认识的每一个人都是自己亲生父亲带大的吗？在我们那时候，女人都知道如何管住自己的嘴巴”。我们都愣住了，不再说话。一个我们以为不如我们聪明的女人其实知道的比我们多得多，关于人生中的事实，关于为人处世。

而今，想到我不仅拥有一个好父亲，也拥有这样一个好母亲，我便骄傲不已。

仁慈的上帝

倘若在某种程度上

我未能尊重女性的力量与光荣

愿我的心态得以纠正

心灵得以改变

阿门

在任何经由自然选择存活并且繁衍旺盛的高等哺乳动物种群中，都有一种与人类相同的特质：雌性母亲在感知到对其幼仔的威胁时都会表现出强烈的对抗性。母老虎与母狮子在感觉到有危险发生在她们后代身上时，会变得极度凶残。鬣狗很少被人看做是温顺的动物，但在给幼仔喂食的时候，妈妈会围绕着幼仔，而爸爸则会在海湾边巡逻，直到喂食结束。

也许人们会认为美国女人准能比那些鬣狗做得还好，可事实上，我们总有理由不曾或是不打算这样做。西方社会的女人并非因政治权利的缺失而裹足不前，至少在过去的几百年间不是如此，这一切只因长达几个世纪之久的对女性的压抑。情感的毒素已经世代相传。纵使我们已不再焚烧女巫，却依然无法彻底地超脱西方意识形态里对女性力量的怀疑。

在中世纪，“女巫”一词代表“睿智的女人”。强加在“女巫”之上的“丑陋”之意不过是早期教会为了玷污和压抑女性力量而捏造出的描述。无论她是超凡还是世俗，都一味被冠之以敌对者之名。异教徒女祭司以性的仪式将男人带入他们的成年，而在基督教徒眼中，只有通过生殖才能让性交变得神圣化。

因此一个没有生育能力的女人身上便不再有任何神圣

可言。事实上，在那个焚烧女巫的年代，年老而未婚的妇人总是最先被投入烈焰的。你若是不符合教会和它的信条，便会被看做是和魔鬼一伙儿的。这种信念看起来如此荒谬，但成千上万的女人却因此遭罪。这可一点儿都不好笑，这些被焚烧的女巫通通都昭示着女性大屠杀。

女性早就失去昭示烈性的勇气了——无论是为了我们的孩子、我们所居住的星球，还是其他任何东西——谁也不甘愿被贴上“女巫”的标签。即便称谓已经改变*，那加于女性之上的偏见色彩却依然如故。只因为不想被强加上“下贱的”、“泼妇的”、“尖刻的”这类形容词，我们往往选择了在最重要的事物面前过度沉默。

女异教徒不遗余力地歌颂个人与自然间神圣的关联，女祭司也将她们的心灵与周围的人与世界融为一体。早期教会对于她们的迫害不仅仅是她们自身的悲剧，更是整个西方社会的悲哀。她们的种种消失方式都预示着今日的环境危机：人类主宰自然的情绪正在我们心目中一步步地获得其正当性。只有彻底摒弃旧的思维模式，摆脱此种全球性的危机才变得可能。人类为亵渎地球而赎罪，而这罪孽

---

* 称谓已经改变：原文为 the consonant has been changed from “w” to “h”，直译为“辅音字母已经从 w 变为 h”。即从 witch 变成 bitch，witch 即文中“女巫”，bitch 意味“贱人、泼妇”。

中也包含着对肯定女性智慧的文化的玷污。

如今我们已经能够理解发生在女性身上的一切，并重新宣告她们的精神权威。这一事实昭示着，在一切还来得及时，人类伤口可以奇迹般得到自我愈合。

奇迹源于信念，而这其中最大的信念源自母亲。在我们女性心智正常之时，是不允许这个世界遭受“毁灭”的，因为我们是万物之母。

我们最终想起那遗失的力量，这力量曾助我们繁衍生息，也曾带我们走向智慧之泉。如今我们也可以改变历史——在世界抵达疯狂的自我毁灭之前来一次奇迹般的掉头，就如在泰坦尼克号撞上冰山之前把头掉转——只要我们有此念想。

在再次登上女性的荣耀之巅前，我们必须找回往日那狂喜般的女性激情。昨日的女巫已经安息，只希望今天的女性，能永怀一颗悲天悯人之心。那是一种感同身受的情怀：我们为那些没有话语权的、无法吸引爱人的、无法释放力量或是为这世界抚平伤口的不幸女人痛彻心扉，我们不会忘记那些曾拼尽全力摆脱这些悲哀却终被活埋的女人。如今我们有了新的见识，将要一路前行。愿我们从尘封的岁月中再获那埋藏已久的激情，愿我们曾被羞辱的姐妹们得到安宁。

还是一个小姑娘的时候，我时常向姐姐们诉苦。直到三四十岁，甚至是今日，我依然保持着这个习惯。我总是相信，这些比我在生命的路途上多行了一段的人，一定有些至关重要的道理可以传授给我。

如今当我换个角度来思考的时候，才发现那些比我年轻的朋友也是如此依赖着我，如同我依赖我的姐姐们一般。当她们渐渐强大的时候，似乎也开始懂得珍惜和欣赏我的感悟与成长。在我们不遗余力地为身边的幼者去做那近乎完美的榜样时，我们充当着极其重要的角色。但这很少意味着岁月会将我们变得完美，它仅仅能够证明：我们正在尽最大努力地活得正直。

教导别人不仅仅是件好事，它甚至可能不是一种下意识的选择，而是将你吸引入合乎自然法则的轨道里的形式。你会慢慢变得成熟，而你身后的那些曾经由你教导的幼者，总有一天也会踏上你走过的路，将她们所知晓的、所相信的再传递下去。

如果没有那些前辈们及时出现为我指路，我很难想象那在迷途中跌跌撞撞过的自己最终会降落到哪里。而如今，也到了我将生命中迷茫的碎片拼接成完整图画，展示给向我求助的孩子们看的时候了。我们为周遭世界和谐而做出的为与不为的选择，我们的所有表现，都将成为他们直接而生动的例证。一个我如亲妹妹般对待的年轻朋友就不止一次地对我说：“你总说我们不听你的，其实你每句话都说到我心里去了。”

在我的讲座上，有时能碰上一些为我所讲的东西而兴奋的年轻人，当然，我也碰到过对我翻白眼的人。我能明白那种感觉：你还正年轻，你看见了一片新天地，或是出自你深深迷恋的文化中的一个鲜明楷模——那是多么难以抑制的兴奋啊。我也曾从那岁月中走来，一直走到今日。

我见过一个女孩，她说梦想有一天能和我一样，我微微一笑说：“加油吧，姑娘。”我见过一个男孩，他很礼貌地向我鞠躬，为我递上一枝玫瑰。我温柔地接过花，由衷地赞赏起他举止中不凡的气度。如果我们表现恭敬，长者便自然能感受到我们的尊重。人到中年，总以为该在临走前将我们最好的领悟留给后人，方觉心安。或者至少，我们曾为此努力过。

仁慈的上帝

愿我值得

您赐予我如此荣耀的身份

将年轻人好好帮助

请您指引我

如何好好使用您的恩赐

传承后世

阿门

我曾听过一些修女们传奇和不那么传奇的往事，似乎从跨入修道院里的那一刻起，她们在尘世的旅途便已结束，从此参破红尘，心若止水。但如今我却开始思考：修道院的经历也可以只属于内心世界，外化与否只取决于个人选择，真正的修道院仅存于我们内心。在那里，我们为上帝而活但也不是完全如此。为上帝而活并非意味着对尘世的逃离，相反，它是我们寻求生活正途的终极努力。我们最终只希望一切安好，从家人、朋友，到我们所知的身边一切人事。我们终于明白，能抵达这一目的的惟一方法便是接受事物本来的样子。生活不在别处，它就在这里——与奇迹同在。

每当我想起中世纪那些到了中年，三十岁到三十五岁还要进修道院的女人，便生出万般同情。没有快乐，没有兴奋点，没有性。上帝啊，那会是多么了无生趣的生活啊！现在的修道院生活已经变得多种多样，不再如从前。总有些快乐、兴奋或是性，已经可以镶上神圣的花边。或者换句话说，一旦你认识到到底什么是真正的神圣，你会明白，快乐、兴奋，还包括适宜的性，都可以是神圣的。

庆祝生命是如此的重要，因为这一切都是生活所赐予的。如果生活也会发短信，我猜他准会说："好好享受！"

我曾经看过一个关于卡迪隆·迪亚茨的访谈，她说她不认为快活度日有什么不好，没有人规定生活必须郁郁寡欢。我过了一会儿才领会到她的意思，也意识到，为了明白这个道理，我已经比她多花上好几十年。出生在婴儿潮的女性如此渴望被认真对待，或许是因为她们的母亲不曾得到善待。在"快乐是种蠢事"这种谬论的驱使下，我们选择将欢愉深深压抑。事实上，一旦当你意识到生活本身是件多么严谨的事时，你肯定会抓住如今的每个机会开怀大笑。被残害的《华尔街日报》记者丹尼尔·皮尔的遗孀玛利亚妮曾说过，幸福就是一种反抗行为。

我们因一时冲动而受到各种惩罚包括自我惩罚。每每看到那些无家可归的人穿着愚蠢而荒诞的外衣——那些外套通常是有着兔子耳朵般帽子的运动装或是上面有许多看起来像是在宣告外星人入侵的按钮——在街上游荡时，我一面感慨着，噢，可怜的人啊，一面又想着，真希望我也敢那样穿。

突然想起来，我所见过的所有希腊女神或印度女神，无一不是穿着暴露的。智慧型的女人在修饰自己外表时应该少穿一点的念头，在一种具有“女性憎恶”倾向的社会系统中，被灌输到我们的思维机制里。而正是这个系统，曾将女性焚烧。因此当他们提议说女性应该衣着简单朴素以示虔诚之心时，我赶忙去穿了一件背带式内衣。化妆和珠宝则比服饰的历史长得多。几千年之前，女性们便涂胭脂、戴宝石，并且十分清楚她们在做什么。那一夜，亚瑟女王正是因为穿着光鲜亮丽、身姿妖娆而成功拯救她的臣民。任何企图消除女性性征的尝试都是在剥夺女性的权利。而任何试图使我们为自己的美貌羞愧的努力，从某种意义上来说，都更像是一种压迫行为。

我们的社会对成熟女性打扮自己持矛盾态度。她们一面会为展现自己而羞愧，一面又为掩饰自己而羞愧。一切谈论“自然老化”的言语都是荒谬的。只要想想这些话题——杀虫剂、污染、致癌物、臭氧层空洞、忧虑、经济焦虑、离婚率，我们脸上浮现的任何表情都不可能自然。我总觉得如果一个女人想做一件事，她就该抛开所有束缚去做，比如电话订购一瓶最新的抗老化霜，去做注射美容除皱，或是其他的化妆保养。我想，即使她们的养身之道最终还是抵挡不住衰老，但她们为了保持性感所做的这些努力，也总比仅仅欣赏自己的皱纹要优雅得多。

追求美丽就是不庄重吗？到底远离美丽有什么好的呢？无比迷人而又不老的歌莉娅·温德比曾说：美丽是上帝赐予的礼物，我们有责任尽可能长久地精心呵护它。我从来不知道自己看上去形容枯槁就能帮助一个穷女人一夜变富。事实上，我倒是发现，我在生活的方方面面都追求完美的努力中，获得了一种更大的成就，这令我更有可能帮助别的女人。

对自己的不关心并不意味着对他人就会关心。一个爱护自己身体和心灵的女人，恰恰是在一场野性而奇妙的女性冒险之中，这场冒险是感性的、聪慧的、精神化的而又性感的。

我意识到，作为一位母亲、一个活动家、一个作家、一个市民、一个在任何领域的创造者，我生命中最多的动力来源于我的卧室以及其中发生的一切，而非其他任何地方。我可以买一百张桌子，却依旧会坐在床上写作。我的灵感不在图书馆，不在办公室，也不在厨房。卧室是叫人最有激情的地方，我想这个观点，在任何一种文化或是任何一个年龄段中的女性都会同意吧。古时的世界时常被神殿里浪漫缠绵的性爱所点缀。我虽然没有那样一个神殿，却有我的卧室，让我可以开始冒险。

有时当我想起这个世界上的一切苦痛时——从奴隶制

到战争到虐待儿童——我都为这世上所存在的那种巨大的，用以阻止人类走向完全的自我毁灭的反作用力所深深震惊。想想，每一秒都有人出生，有人死亡，生命循环不息，时时刻刻笼罩这个星球。每一秒都有人与他们心中所爱，享用高潮的狂欢，至少我是这么希望的。我想这狂热的循环，同其他任何一种力量一样，都将阻止这个世界分裂。

仇恨的话语，暴力的行动，以及光天化日之下任何可惧的恶性，最终都无法超越常常存在于黑暗中的爱的真实举动。照顾家庭是女性的天然使命，而黑暗中那美妙的时刻便是归宿。我们要为自己能够点燃性爱之火而感到荣耀。正是在那爱巢里，我们孕育后代，安抚爱人，而这两者皆是人类得以存活延续的燃料。

这一点在女人衰老时显得更为重要，因为我们已经开始运用意识的力量，来弥偿自然从我们身上带走的年华。一旦我们完成了怀孕的过程，自然压根就不关心我们接下来到底还过不过性生活！我们不再如从前那样得到自然的帮助了，现在我们只能靠自己。

然而我们所拥有的魔力并不只限于可以生育孩子，更多的是关于自身散发的魅力。女人与男人的结合并不只是为了繁殖后代，而是要给男人一次畅快的心灵之旅。女人将男人引入一个仿佛被施了梦幻魔法的境地，于是浪漫爱情的法术可以让男人到达他们所能到达的最完美境界，女人也同样如此。这并不是什么随着我们变老便停止的过程，相反的，这更是一个直到我们成熟以后才能真正懂得的过程。人到中年，并不是该服老认命的时候，而是我们使出浑身解数，释放魅力的时候。

尽管你不如从前那样年轻又有活力，但这并不代表你不能享受激情。只不过，当你年轻的时候，更容易、或者说更愿意去迎接激情的到来。然而，随着年龄渐长，你对享受激情的态度变得有些矛盾。你也许会说，你渴望激情，然而另一方面你并不确定自己是否还有精力去面对。

我的父亲一直活到了八十五岁，他这一生都保持着兴奋的状态。他以前总是说："你应该有点探险意识！"他的确很喜欢探险。这一点不仅仅在他环游世界的各种妙不可言的遭遇中得到证明，更是在他对待每一天的生活态度中得到体现。比如，下雨天他依旧开着敞篷车，因为他觉得只有那些"娘娘腔"的男人才不会把车篷打开；比如，他教年纪小的孩子玩斯坦尼斯拉夫斯基*的表演游戏来代替一些普通的游戏；比如，尽管我们住在德克萨斯州，他常戴

---

* 斯坦尼斯拉夫斯基，俄罗斯演员及导演，强调在表演时注重心理活动的演绎。

着希腊水手帽走来走去，以防万一希腊海军会打电话来召他入伍！我的父亲就仿佛是男版的“马梅姑姑”*。不论做什么，他总是投入一百二十分的精力和热情。像我父亲这样一个人，从不依靠维他命获得能量，而是寄望于付出精力用心生活而从生活中摄取能量。

在俄罗斯东正教会，有一种观念是“热情承载者”。我想中年便是让我们成为了生活的“热情承载者”，我们经历了生活中的种种，体验了生命中的不顺以及成功。我们能很好地证明自我重生的快乐，同时为他人生活的提升以及胜利创造空间。

适时地进行庆祝是年长人们的职责，因为我们懂得什么时候该庆祝。当一个小我二十岁的女孩告诉我她怀孕了的时候，我感到，告诉她我认为这是世上最值得高兴和兴奋的事，就仿佛是完成了我的某项使命一样。仿佛我并不是代表我自己发表观点，而是代表某个比自身更大的事物。一个十几岁的孩子加入了一支运动队或是参加了一场论文写作大赛，一个年轻的女子在工作几年后终于有机会参加公司的管理培训项目，一个年轻的小伙子创立了自己的公

---

* 马梅姑姑，小说《马梅姑姑》中的角色，作者系美国作家派翠克·丹尼斯。“马梅姑姑”性格古怪，行为奇特，常让人琢磨不透。

司或者做成了第一笔生意，在以上各种例子中，一个年长的人所释放的热情可以成为一个人永世的记忆。人们应该了解的是，世界站在他们这边；而对于年轻人，他们当时所面对的长辈便代表着“世界”。

庆祝并不是被动的，而是一种积极的能量转换。我曾听到过年轻人说“哎，没什么，这没什么大不了的”，去掩饰一些在我看来，对他们而言是梦想成真的事。然而若我肯定地说：“哎，这当然很重要啦!”他们的态度就整个改变了。

我这么做是为了他们，同样是为了自己。当你经历了人生的种种磨砺，一次次流下泪水，你知道有一样能让自己开心的事是多么幸运。那些对人生充满热情的人，因为不知道生活中有什么更好的，所以态度并不积极。然而他们常常很积极因为他们知道得比别人更多，比别人更了解生活。他们知道不如意的事常有，如果今天如意了，那就该谢天谢地了。

我的冰箱里曾经储着一瓶很棒的香槟。我一直储了好几个月，等着哪天可以用它来庆祝。最后，有人偷走了它。我才终于明白，我不该等那么久。

仁慈的上帝

我献给您

褒扬与感谢

愿您对我的庇佑

不会因我的疏忽而磨灭

教会我如何接受自己的优点

也让别人看到自己的优点

阿门

有一次，我和女儿在她的牛津高中项目中分别，在英格兰乘火车。在我离开以前，女儿告诉我上个夏天游玩时最喜欢的几个地方：一家法国薄饼店，她和几个朋友在那里秉烛夜谈，畅谈资本主义和马克思主义。我特别想对女儿说："是啊，亲爱的女儿，你妈妈年轻的时候何尝不是做过一样的事啊！"由亨利八世在1532年重建的基督教堂，我和女儿在很长一段时间里一直在谈论着安妮·博林*。我

---

* 安妮·博林（1501年/1507年－1536年5月19日），英格兰王后，英王亨利八世的第二任妻子，伊丽莎白一世的母亲，威尔特伯爵汤玛斯·博林与伊丽莎白·博林之女。

安妮·博林原本是亨利八世第一任妻子阿拉贡的凯瑟琳的侍从女官，1533年1月与亨利八世秘密结婚，5月被宣布为合法妻子。3个月后亨利八世对她的热情消退，直到1533年9月生下伊丽莎白后才稍和缓。但两人关系在1536年1月安妮·博林流产时恶化。

1536年5月2日被捕入狱，关进伦敦塔，5月19日以通奸罪被斩首。

始终认为不论从何种角度看待安妮·博林的遭遇，她的斩首是一种虐待。然而那天早晨我们关于哲学和爱情的谈话中掺杂着我的叮嘱，诸如记得用牙线清洁牙齿这样琐碎的事情。

在回伦敦的途中，我哭了。我的宝贝长大了，再不是从前的小孩子了。她甚至已经不再是那个十来岁的小姑娘，而已然成为了路易莎·梅·奥尔科特*笔下的“小妇人”。过不了多久，从前向母亲的询问，好像“妈妈，可以吗”就会被直截了当地告知，比如以“妈妈，寄些钱给我”所替代。

这段转变的时期对我而言，和对她而言一样重大。作为一个母亲，在一些方面我表现得很好，而另一些方面表现平平，还有一些方面则表现糟糕。我这一生还从未烤过一个布朗尼蛋糕。我买了很多的食谱，但每每读完，我便会想，还是算了吧！但我们每个人都拥有自己的天赋，我希望我能将我所拥有的那些都传递给我的女儿。

我们的孩子并不仅仅是我们所承担的责任。一旦他们经过青春期，就要开始向我们学习关于人生更深刻的道理，

---

* 路易莎·梅·奥尔科特，是一位十九世纪的美国小说家，最著名的作品是《小妇人》，这部小说是以作者的童年经历为基础创作的。

以及如何好好过活。我可不想我的女儿有种必须逃离我的身边才能学会一些真正重要的事情的感觉。我不满足于当生养她的母亲，我更想成为她的良师益友。

养育孩子是一种高级的精神实践。当你就是孩子的一切时，抱紧他是不可抗拒的精神召唤；而当他们羽翼丰满，放手让他们自由飞翔同样是势不可挡的精神召唤。保持沟通总是说起来简单做起来难。尤其当他们不再是曾经穿着可爱的童装和其他可爱的小伙伴玩耍的小宝贝时，这便难上加难。我见过一些抱着婴儿的人们，却丝毫未察觉总有一天他们的孩子不再受控于他们。我想，噢，你们就等着吧，那一天终将来临。而我什么也没有说，只是笑笑。就让他们享受这最后的亲密吧。他们迟早会意识到，尽管对孩子无条件的宠爱已成习惯，而他们将失去这些。

每一个父母都将有一天直视儿女的眼睛对他们说："好吧，我懂了，是时候让你自己去闯荡了。"他们将不得不承认，孩子要离开父母的庇护，他们的人生始终是要脱离父母的陪伴的。只有当我们愿意放手让孩子去闯荡时，那些如火的生命力才能从我们传递到孩子。而终于我们也重新获得了属于我们这个年纪的如火激情。那些属于曾经的我们的激情终将褪去，所以我们要学会忘记，同时怀揣着复杂的心情看这曾经的青春如火在我们的儿女身上迸发。

然而，这并不是说孩子得到了什么，我们失去了什么。那天，当我离开牛津时，我虽然哭了，却是带着笑的。我的女儿得到了一种只有年轻人可以享用的自由。但我也同样自由了，是那种只有做过父母的人看着他们的儿女长到一定岁数时才能得到的自由。女儿和我都赢得了新的翅膀。

我们都需要向生命的下一阶段挺进，进入一个全新的世界。每个人都应遵循自己灵魂成长的轨道。一方面，我无法想象自己终于不必一看到时间是下午三点一刻，激动地喊着："哎呀，女儿马上到家了！"很神奇的是，当孩子回到家时，砰的一声关上门，大声吼着"我回来了"，对于母亲来说，便是一天听到的最好的消息。另一方面，我知道，以后我和女儿的所有经历都不再发生于同一个城市。这一切将大有不同，但我相信它们将同样精彩。

惟有你愿意放儿女自由成长时，你自己才能有成长的机会，尽管有时候这意味着他们将离你越来越远。然而，让人想不到的是，当你给别人更多的空间去发展时，你和他人之间的联系却变得更亲密。这就好像我越是让女儿自己去飞，她越是和我母女情深。

我永远都不会忘记当我的女儿还是一个小不点时，我把她放在床上的枕头之间，自己就坐在她旁边写作。我也常常想她现在的样子：放学后，躺在宿舍的床上，和同学畅谈着作业、一些经历以及人生。这些都是美好的，我相信。有一次看着她忽然长大了很多，我潸然泪下；我们再也不会像从前一样，每天无话不说，谈天谈地。然而我的感伤一下就被打断。我想象着多年以后，一对母女躺在床上聊天，不过这一次主角不是我，而是我的女儿和她自己的女儿。那时，她们一起来探望外祖母。婴儿长得很漂亮，妈妈也是那么的让人着迷，而外祖母呢，也是那么坦然。我祈祷着这一天的到来。

仁慈的上帝
请照顾我的孩子
因为她的人生之路将她引向别处
让天使环绕她
让她找到正确的道路
让我的爱
成为指引她的明灯
在她生命的每一天
阿门

第六章

我要活下来

音乐人及歌手罗伯特·赫尔姆斯写过一首热播金曲，内容是关于一对倦于乏味婚姻的已婚夫妇。他们两人都登出广告，想要寻找到同他们一样渴望刺激婚姻生活的人。意想不到的是，直到他们都不约而同地回应了对方的广告，一切才真相大白。较之于波澜不惊的常规惯例，两人都更渴望拥抱一个跌宕起伏的世界。

几年前，我认识了一个鳏夫。在妻子死后，除了呆坐在那里终日哭泣，他的生活便所剩无几。“我从未带上她到她想去的地方，也不曾亲口告诉她我对她的爱是如何地胜过一切。‘如果当时’的事总是太多，却从未兑现……”如果说知道追悔莫及之时才能将这一切看清楚，是否太过悲怆？

很多人出于不同的原因，面对那真爱的华丽冒险无动于衷。那就像一枚时常在你眼前浮现的铜戒，你却从未将它紧握。我们感觉疲乏的时候是一回事，那只是因为没有遇见合适的人。再说就算是对的人又如何？就算有熊熊燃烧的热切火焰，缺了时间、空间或是真心的付出，你还能指望美好的东西升华吗？

当你到了某个年纪，浪费机会就变得可耻，尤其是那爱的火花。对于真爱，你重重地关上门。那简直就是对圣物的亵渎，就好比你朝上帝重重地吐了口痰。爱总在中年时最为热切，只因你已从幻觉中醒来——爱的花火，不会在天空中为你日夜飞翔。

一次朋友对我说：“我一度如此恐惧那‘将余生都献给一个女人’的想法，可是——如今余生，听起来也不长了呢！”

很多人有无法释怀的伤口，便将那无所畏惧的爱情放逐。恐惧，虽非理所应当，但也情有可原。爱，仿佛就在眼前而又千里之遥。我们该如何拭去岁月累积的畏惧的尘埃，真实去爱？新中年的浪漫之声已经开始召唤。

仁慈的上帝

请您将我心房周围那高高的幕幛融化

让恐惧随风消散

让欢乐长存

我就又要去爱了

阿门

被遗弃是我们永远不愿提起的梦魇。那些人的爱曾占据你心中最高的山峰，却又轻巧地改变心意。这种疏离，是重重一击，给你留下难以愈合的伤口。

从形而上学的意义上来说，与爱人分离即是我们与生命本源之分离的重演——或者说至少我们曾有过这样的幻象。事实上，倘若世间真有这般分离，那它一定闪着破碎的光泽，如此的强烈，以至于这整个宇宙都将不复存在。人与天地万物同一，与彼此共生，这是宇宙间最基本而无可变更的真理。

意识不到这一点，我们便苦苦追寻浪漫伴侣，以替代那缺失的与生命真实可感的交互。心心相印的爱使人迷醉，只因它时刻揭示着我们与宇宙万物的维系。分离有如崩坏，只因它将人与生命的隔膜加倍显露。这里便有一个无法摆脱的困境：当我的心与真我疏离，我便不再完整。残缺的我对你却更加渴望。终于，我破裂了——我是否将要与你一道，堕入毁灭，万劫不复？

深情使然。一念天堂，一念地狱。

两者皆有深意。

有时正是带给你最多慰藉的人，会为你留下更深的伤疤。

我曾拥有过世上最美满的浪漫，是的，我相信是这样。直到有一天，它毁灭了。我听过无数关于主人公突然离家出走不再回来的故事。我不信这些，事情哪有这么简单，人们总得再多做点什么吧，而不只是清早起来说一句结束就真的可以结束。可是——这的确是真的，我在他离开的那一天终于相信。

我是那种需要交谈的女人……为了进步，为了领悟，也为了原谅与被原谅。总有些人会发现言谈是不可承受之重，或许是因为话语将我们暴露得太多。于他们，无论出于什么原因，似乎将出走的那个人如病灶般从体内彻底清除总是最好的吧，只需要一把外科手术刀。或是烧毁他们身后的桥，或是扔下一枚炸弹到那美丽的花园，只为忘记那里曾有一段此生长存的情谊，是否这样就能够释怀？

这个男人为我带来了礼物。他的爱不曾与我“更紧迫的使命感”相冲突，那是一种前所未有的经历。一度，存于我浪漫生活与事业之间的竞争与裂痕已近消失，我感觉不到我在忽略其中之一以更好地实现另外一样，这真是种新鲜的感觉。事实上，我想他的爱就像一个救生筏，我就静静地躺在上面。从前，我的生活有如一台过度拥挤的洗碗机，碟碗在其中叮当作响。当他出现的时候，碰撞声停止了，一度令人头疼的难题此刻迎刃而解。无数困扰已久的难题瞬间无影无踪。他让一度困扰我的诸如“晚饭吃什么”这类问题变得简单明了。

然而不久，这一段关系以一种粗鲁而且不友好的方式结束了。当然，我有我的主见，正如我在《奇迹课程》中所说，我既是我自己的主人，也是宇宙的寄主。我明白，放手给他人自由，当然也是给自己自由，是不可能不带着美好的祝福的。仅仅说“你自由了”是远远不够的，我一定要说：“我放手让你走，愿天使与你同行；我放手让你走，愿美梦都成真；我放手让你走，愿幸福常伴左右。”我拒绝说出这样的话，因为我实在对这段感情结束的方式心怀愤恨，但心底，我还是默默祈祷。

在那之后不久，当我阅读《奇迹课程》时，我顿悟出事情的关键：我需要倾听。我想到，在大自然眼中，每个人是同等神圣的，不管我心中对别人所伤害我的举动有多么愤怒，我都应该原谅他们过去犯的错，而眼前的我理应看到更多的爱。这种阅读有一种魔力，它像炼丹一样，改造了我的情绪，把那些令我痛不欲生的杂质一扫而光。毕竟，这些痛苦并不会对他的生活有丝毫改变，这只能摧毁我现在以及未来的生活。

这种自我尽情享受着这些痛楚，就好像一只拾荒狗，不停地给人们带来残暴、谬误、不公等诸如此类之事的证据。审视他人的案例总是很有趣，但我们自己或许也需要在这种情境下学到些什么。对自己的认识是每一段感情中所得到的最珍贵的礼物。归根结底，这才是爱的原因：终有一天，我们将会与爱融为一体，所有我们身上所发生的事情都将成为评定我们的标准。

一天早晨，我从梦中醒来，心中还是惦念着他。我发现我已经变成了一个自发的祈祷者，我不需要上天帮我走出这段阴影，而是希望上天能帮助他。理智上，我清楚我们没能好聚好散，这并不能代表他就是一个残暴的人，但那种剧痛是我没办法透过他给我的伤害去了解我对他的伤害。这使我上了一课：了解别人深藏的伤口，这样才能更好地治愈自己。终于，一天早晨，我终于可以了解了。我终于了解了这段关系结束带给他深深的伤害了。我想起了爱默生的名言："你遇见的每一个人，心中都在进行一场暗战。"我可以体会他的心情，为他祈祷，愿他早日释然。

我仿佛可以看到我们两人灵魂间无形的契约。和很多女人一样，我的心中对男人总是有些许愤怒，无论是无法触手可及的父亲还是不能常相伴的恋人，都给我留下了严苛的印象。此刻我原谅这个男人，为他祈祷，发自内心地祝福他快乐。这些都使我感到自己内心的转变。他代表了生命中所有令我失望过的男人们。原谅他，我就可以原谅所有的他们。进而，从更深层面上说，我自由了。

我能体验到这次经历，这就是上天的恩典了，而且，这种经历是不可被拥有的。当它愿意来，它便存在；当它乐意去，它便消失。最终你会认识到，所有一切都是你的，也都不是你的。正如莎士比亚名作《仲夏夜之梦》中海莉娜提及她深爱的迪米特律斯时所说的："迪米特律斯是璀璨的珠宝，他的全部都是我的，却又不属于我。"

年少时，我们紧紧抓住爱情，希望能留得住永恒；很多年后，我们渐渐放手，因为我们终于相信永恒并不存在。不断有人来到你的身边，或许有朝一日还将离开，但爱会被留下，只要你心中还有爱。

人们常说："他伤我如此之重，教我如何再相信他。"但是，爱的忠贞并不是对某人品行的忠贞不渝，而是对爱永不消逝的本性的忠贞；爱的忠贞并不是对某个个体的忠贞不渝，而是对我们自己的坚信不移。它是对原谅的能力的忠贞，对察觉爱的存在的能力的忠贞，对爱的轰轰烈烈的能力的忠贞。这一切，需要我们明白，所有我们今天深爱的，都有可能在明天消失不见。

如此说来，真爱总是有风险的。但是寰宇并非只赐予我们所想要的，而是教给了我们怎样爱。倘若我们拥有时便祝福，离开后便剥夺所有祝福，那么，我们自己永远不可能被祝福。如果祝福不能持久，便不是祝福。

我们相信生活的旨意。我们在绝妙的安排下，被带领进入另外一些人的生活，因为我们是与他们最有可能进行心灵连通的人。如此说法，却不代表我们就可以轻而易举地和这些人心灵交汇。事实上，还有一些人被带入我们的生活，是因为生活需要如此使我们领悟一门叫做察觉的课——使我们知道我们应该对什么感到厌烦。

这种让我们知道我们不喜欢的经验是为了教给我们究竟喜欢什么。有些时候正是那些摧毁你的生活的人给你自由，使你找到属于自己的真爱。一些东西或许不是你想要的，但未必不能带给你你想要的。从一段感情中解脱，才能走上更高的台阶。没有一些特别的经历，你不可能轻易了解自己；不能真正地了解自己，真爱也不会出现。

或许你还不愿坚信那些有关真爱的承诺，因为你还没有准备好。你被抛弃过后，便不会轻易抛弃别人；被伤害过后，便不愿轻易伤害爱的人。现在属于你的真爱，那个不会抛弃你也不会伤害你的人，正在朝你而来。正如波斯诗人鲁米所说："破碎的心中会涌出心灵的清泉，它将永不枯竭。"

别错过了哪怕一个拍子，用心演奏你的灵魂之曲。装扮好你的房子，准备好你纯净的心。

或许你的心被这个尘世的爱所伤害，那么最终上帝将是你最能依赖的人。

仁慈的上帝

我是如此虔诚地信仰着您

过往的喜怒哀乐

教给我如何原谅

主啊

我将不会继续颓丧

那些伤害过我的

我放手原谅

愿他们已觅得幸福

愿我也被原谅

我们的灵魂都可以得到安宁

阿门

为什么我们不愿依靠上帝？问题出在我们总是过度地倚仗旁人。不能用心拥抱永恒的爱，自然我们就会容易受到那种无法持久的爱的伤害。

我依然记得当我还是个小女孩那会儿，有一个电视节目叫做“爸爸最清楚”。在那个节目中，每当十几岁的小女儿来到房间里，父亲都会用拥抱欢迎她，并且近乎夸张地叫道：“嘿，你好啊，我的小公主！”在那个年龄段中被父亲如此溺爱，她的心中必然会留下深深的烙印，她会想象所有男人都会像父亲那样疼爱自己。得到善良的男人的特别关照因此成为了一件很自然的事情。长大后，她理所当然地就知道怎样的行为才是对她喜爱的表现，并且总是能够游刃有余地给予合适的回应。

如果一个女孩缺少这种被关怀的意识，她要么会把男人的宠爱拒之于千里之外，要么就会很实际地把这种示好当做求婚的表示。无论是以上哪种情况，都是因她缺少应有的女性意识所造成的。

这样的女孩会很容易被人蒙骗，特别是那些以欺骗他人感情为乐的人。那些人外表俊朗，言谈得体，还会不时朗诵些许诗歌取悦女孩，只是，他们永远不会使那些山盟海誓落到实处。几乎所有这样的男人在童年都受到过心灵的创伤，因此他们从小就不得不学会这样一些花言巧语，以谋得生存。不管是出于什么原因，他们的命运都十分悲惨，因为他们不得不从小就把欺骗和诡计当做生存之道，而忘记了信任与诚实。他们与深藏于心底的诚实的连接被强行切断，因为他们不得不尽全力找出一些合适的言谈或是举止，以使他们度过一个又一个悲剧般的时刻。生活给他们上了一堂错误的课，课的内容不是如何使自己的表现和内心深处的诚实与良知相一致，而是如何最快地找到一种合适的与内心相违背的表现，以使自己可以得到一时的愉悦感。

从小就谙熟察言观色的人，长大以后必然变得更加擅长于此。这样通常是缺少诚信的表现，然而原因并非是因为他们不是好人，而是因为他们的内心世界在童年时便被摧毁，直到现在都没有重新被塑造。童年的他们是受害者，但是，他们也要对自己的行为负责。一个朋友曾对我说过："世间万物自有一整套准则。"

我们多少次原谅他们所犯下的不可原谅的错误，只因我们告诉自己："算了，其实我知道，他只是一个受了伤的小男孩。"我的一个女性朋友听了我这话后的反应却是："这么说，希特勒也是一样。"事实上，我同情你、怜悯你，这不代表我会把你的电话留在手机的电话本里。

被伤害过的人会去伤害别人，而他们对那些同样被伤害过的人却又有吸引力。这点我们都应该认识到。

那些受过伤害的男男女女总是很容易被对方吸引，他们过度的恐慌焦虑使他们结合。他常常扮演一个卓越的表演者的角色，而她轻而易举就被他的完美演出所折服。依从他们的自我意识，这种结合便会诱发对彼此的伤害；而依从上帝旨意，这种结合应当可以治愈彼此的伤害。倘若你把这种人与人之间的心灵交汇当做拯救自己的途径，你便会得到上帝的祝福。这与另一方所做的选择其实没有必然联系。上帝会一直孜孜不倦地教诲你，直到你了解了这真谛，最终，所有人都会被拯救。

这种拯救也许会造成伤害，或许是因为直面那些曾经让你觉得耻辱的事情，又或者是因为你不得不坚定地远离那些会对我们自我拯救带来不良影响的人，虽然心中你对他们还留有爱意。无论是出于以上哪种考虑，这种伤害都好过拒绝自我拯救所带给我们持久性的伤害。

那个女孩总有一天会发现，即使养育她的父亲有一天不再在她身边，慈父般的上帝也会永远守护着她，上帝永远爱着她，并为她创造整个世界。而那些花言巧语的男人们也会发现，如果他们开始真正了解自己，虔诚祷告，并且远离从童年就与之相伴的谎言和欺骗，他们也可以被拯救。

他们能够走出那种伤害吗？她能够分辨真伪，选择真爱而非甜言蜜语吗？他能够认识自己所犯的错，并恳求上帝帮助自己改变这一切吗？每个人都必须做出选择。愿意改变的人，岁月会使他成熟；拒绝改变的人，岁月只会使他苍老。

仁慈的上帝
请治愈我那爱的伤口
这样我才能够献出真爱
并且得到真爱
请教诲我
如何使真爱眷顾
阿门

在著名女演员艾伦·波士汀的回忆录《找寻真我》中，她讲述了自己是如何在一场场充满戏剧性恋情以及和不知多少位丈夫或是情人的感情经历后，足足度过了二十五年的情感空白期，才终于找到了她多年来一直所羡慕的理想感情生活。而这二十五年来，她甚至从未和男人约会过，因为在这期间，每一段可能展开的新恋情都会触动她之前因爱情而受过的伤。

我把这段空白的时间叫做“性爱斋戒”。当然，身处其中的人，不会像我这样想。当我们经历这段时期时，我们可能只是觉得我们处在“枯燥乏味的时刻”，也许会猜测是因为我们岁数大了，对情人们不再那么有吸引力了。但事实上，这是源于我们潜意识中想要暂停这种感情，尽管或许我们还是在叫嚣“我们需要恋爱”。

为什么是这样？当我问我的一位中年朋友为什么不继续恋爱了的时候，她是这样回答我的：“不，我实在无法忍受恋爱中的我，所以我宁可单身。”每当身处恋爱中，你发现你都会变成同一个恶魔，那个恶魔就是那时的你；你将会认识到，除非你消灭了自己的心魔，否则真爱将永不降临，因为恶魔会替你将爱拒之门外。为了达到它的目的，它有不计其数的手段：不信任爱人、过分干涉爱人生活、嫉妒成性、不忠、易怒、掌控欲、无尽的需求……这些手段或者为你带来错的人，或者把对的人逼走。所有看轻这种恶魔的力量的人，都还太幼稚。

我的另一个朋友在她的一段恋爱无情地结束后对我说：“再经历一次这样的事情我真的就活不下去了。”我能理解她的心情，大多数人也同样能够理解。有时候，我们会觉得爱情带来的快乐总是比不上它痛苦的部分，而且为爱情转化为人生的一场灾难而提心吊胆的滋味也远远不如爱情本身甜美。那么，我们什么时候倾向于这样想？更多是人在中年时。

原因呢？首先，那时的我们都已经经历过许多人生中的危难时刻，并且愿意不惜一切去避免类似事情的再度发生。其次，那时的我们不再无法掌控自己的欲望，寂寞的夜晚带来的并不是寂寞难耐，或许我们反而更喜欢安详地睡上一整夜。

对爱情的渴望还在，却变得和之前不同。我们并非不再享受那些暧昧的话语和深情的拥抱，只是我们已经强迫自己根除了那种某人的爱会救我们于水火之中的幻想。我们已经认识到之前对爱情的认识的那些误区就像硬盘中损坏的文件，除非把它们删除或者替换，否则无论我们怎么做，都不会有我们想要的结果。

对爱情的热望永远不可能停止，因此渴望犹存。事实上，当你觉得恋爱经历已经够多了，以至于现在你不再想爱了，正是这种突破性的自我意识使你重获自由。正如嗜酒者互戒会所说，每一个困难都是伴随着它特有的解决方法一同到来的。通常，正是伤害你最重的那段感情，使你开始反思为什么自己会受到伤害。

于是你选择自己过一段时间。突然，电话不再响了，和艾伦·波士汀一样，你强迫自己给感情放了假。

波士汀意识到她的感情世界中存在一种误导自己的感情模板，这来源于他童年的不幸记忆，除非她彻底治愈这一段记忆所留下的伤痛，否则这种不良影响将会阴魂不散地围绕着她。对于我们，同样如此，如果我们不把功课做足，苦难的轮回将不会停止。我们潜意识中关于暂停恋爱的决定没有错，这正是我们所做的功课的一部分。我们暂停恋爱并非为了孤立自己，而是为了生存。

先是令人受伤的童年时代，随后是充满灾难的青年时代，这些灾难是由童年的伤害造成的。又随之而来的是中年，这已经到了拯救我们自己，消除童年和青年时代给我们不良影响的时候了。这时的我们，终于可以放开沉重的心灵自由飞翔，以到达爱的彼岸。

有很多中年人都愿意为年轻人指明人生之路，这并非源于爱，而是因为这是他们仅有的娱乐方式。通常，他们的经历会使年轻人颇感震撼。但是，如今的中年生活已经不容我们沉溺于过往爱的回忆和曾经翻越的险峰，而是到了继续使自己强大起来，去面对新的高峰的时候了。

有时你会问自己是否会因为暂时远离爱情而错过对的人，艾伦·波士汀也如此担心过。

她写道：“后来，我终于觉得自己已经可以真正去爱人了，却无比恐惧那时已经为时太晚。”她的这种心理得到了不计其数的共鸣。这是在奇迹出现前一段时间脑中常常会浮现出的一种痛。

当你的意识被改变，破碎的心、受伤的童年、失败的感情经历都离你而去，这时，你又可以爱了。怜悯、正直、诚实、慷慨和仁慈成了你恋爱中的五大元素。你看到自己从前犯过的错并且原谅了自己，你可以理解别人的所作所为了，在必要时也可以谅解他人了。你变得谦逊，不自高自大，终于，灵魂得到净化和升华。

在艾伦自传的后记中，她讲述了自己是如何最终遇见那个他的。我读完了最后一页，心里迫不及待地想读书的续集。关于她过去的荣耀我已经了解太多了，现在我想知道之后发生的一些事情。

正如一些食物需要腌制才能食用一样，我们处理感情问题的技巧需要提升档次才能得到统一。我问波士汀在得到真爱后有何感想：“这一次，和之前有什么不同吗?”

“对于刚刚接触感情的人，”她说，“相互尊重比谁对谁错重要得多。交谈不会恶化为争执，争论也不会恶化为暴力。”她停顿了一下，接着说：“现在我知道如何和男人交往了。”

当我们还年轻时，我们往往拥有爱，但却对此不知所措。待到我们停止盲目恋爱，在感情的荒原中度过良久后，我们终于找到真爱，或是被真爱找到。那片荒原，那段没有恋爱的日子，不是终点，而是我们感情的救赎者。

仁慈的上帝
请让我见识
男子气概的光辉
雄性的阳刚之美
和男人的力道
阿门

我十分讨厌填写那种包括“已婚”“未婚”或是“离异”选项的表格，我通常会在那一栏中留下空白。这是我的表达方式，意思是说：“这根本不管你的事。”

我会这样想是因为我认为这个问题十分私人化，这样问像是在盗取我的隐私，以使得他人可以依照一些简单的分类来猜测我的生活。

当然，这并不是说我们是否已经结婚并不重要，只是爱的真正问题在于内容而非形式。在我看来，阻碍爱情原动力发展的关键在于：一些男人不懂如何做男人，一些女人也不懂如何做女人。我们这代人对性别的认识远远不够，这或许是在情感方面我们被遏制多年的一个原因。当女人觉得即使她们有着夸张的男子气概仍然可以得到男人的宠爱，或者男人觉得即使他们是十足娘娘腔也可以得到女人的青睐，那么这种性别认识的缺乏就会导致混乱。这种错误的认识已经开始自我矫正，但是对这代人所带来的创伤却是永久的。或许处于错误的理由，但我们父辈在这方面所做的却比我们更正确。

我的母亲就像一个小喇叭，只要她对一件事情有看法，你就一定可以听到。如果她不喜欢什么东西，她肯定会告诉你。我父亲从不觉得他有权利制止母亲表达自己的看法。但是，有时他也会对母亲的这种行为加以限制，却不是处于自我表达的限制，而是处于这种表达给他带来感觉的角度。

我父亲从不叫我母亲的名字，在父亲眼里，母亲的名字就是“甜心”。但是偶尔，当母亲对某些事情的表现过于烦躁时，父亲会盯着她，叫她的名字：“索菲·安……”于是母亲默不做声，就是这样，她马上变得安静下来。多年后，我终于意识到母亲是一个何等幸福的女人。

作为一个这样的女人，母亲不能忍受她的另一半因为她想要表现真正的自我而以任何方式阻止她、辩驳她、惩罚她。母亲很幸运，是因为有一个人可以用一种不伤害她感情、不削弱她信心的方式问她："你真的还要继续说下去吗?"

对于很多女人，深切渴望的就是一个可以放松的地方。我们就像游泳池中的水，当然我们会羡慕坚固的混凝土，但我们最渴望成为的，依然是水。被接受，才是最大的幸福。我们总是太过于倾向于问"我要怎样做才能改变它"而不是"我要怎样才能最大限度适应这个环境"。

如果你现在单身，正在寻找一个伴侣，那么要知道，只有你真的懂得如何把单身的生活经营得很好才真正能够对异性有吸引力。别总是想着如何弄到一个男人，应该更多地想想如何成为最优秀的女人，当你努力朝这个目标接近时，那些男人们自然会向你靠近。

我对这些做了很多研究，我想我应该做个答复了。

"我为什么总是遇不上对的人?"这个问题中潜藏了许多危险。它其中的暗示是说必定会有这样一个人，或许在天涯海角，并且，只要你可以知道他或是她身处何处，就会毫不犹豫地登上前往那里的下一个航班。

按照唯心主义的观点，我们以外空无一物，所有我们看到的和感觉到的都是我们脑中的反映。因此，如果我们并非完美地与我们的梦中情人相匹配，就算你登上了航班也毫无意义。而当我们真正准备好了迎接他或是她的到来，他们自然就会出现在眼前。

在我的课堂上，常常会发生这样的事情：一位学生站起来，伤痛欲绝地告诉我他或是她还没有找到一个伴侣。对此，我常常会反问："我知道你其实明白，那么对我说实话，究竟是什么使你的爱无法靠近你？"

这时通常教室变得鸦雀无声，仿佛我说了什么挑衅性的话。或许，我真的说了：我试图让一个人直面自己的内心。我建议他们对自己的所作所为负责。通常，我都会得到一个颇为中肯的答案：

"我太小气了。"

"我对男人有吸引力，但随后我自己表现得更像个男人，于是他们就离我而去。我有些缺乏女子气质。"

"我总是嫉妒。"

"我易怒。"

"我掌控欲太强。"

"我无法控制自己想要孩子的欲望。"

面对类似的回答我总是会说："那么，庆幸的是，你的心上人不在这间教室里，所以快改变这些。你没有错过这次好机会。”

并不好解释为什么他们依旧单身，但庆幸的是他们依然单身。对于他们，现在是时候做好准备了，是时候做足自己和外物的准备了；准备好成为完美的自己，而不是错综复杂情感、无法释怀的旧梦和千疮百孔的伤害的载体。

最重要的需要努力的方面就是我们思想的改变。当我们觉得我们缺少了什么，我们就会变本加厉地缺少更多。为什么会这样？因为匮乏是我们的核心信念。对匮乏的相信将会为我们吸引来更多的匮乏。“我缺少爱情”这个想法不会为你带来新伴侣，“我性感十足”才会让你更加性感。

我们永远不要相信统计数字。多年前，有一家主流新闻杂志推测超过某个年龄的女士找到真爱的概率甚至比被恐怖分子杀害的概率还低。然后呢，最终他们不得不收回这篇文章。我们依然有机会啊，谢天谢地！因此，从这件事情上我们可以学到的，除了我们仍能找到真爱，更重要的是别盲目相信我们读到的东西。当心那些进入我们脑中的垃圾信息。别指望世界新闻能让你了解宇宙中发生的所有事情。

我的一个女性朋友曾经谈道：“我恨单身，因为每一次我独自走进派对，我觉得每个人都把我当成一个可怜虫，为我遗憾。”我告诉她这不过是她自己的想象。“或许，”

我说，“他们会猜测你派对后会和乔治·克鲁尼约会。”人到中年，是时候不那么在意别人会怎么看自己了。随便他们怎么看吧，最终决定的人是你自己。

月老不会问“你多大了”，也不会问“你花了多久学习如何爱人”，他只关心你是否已经准备好了去爱。如果你真的准备好了，爱自然就会来到。

等待得到真爱的机会，或许要经历许多年。你必须做足了准备改变很多：从贫苦到自信，从掌控到放手，从焦虑到释然，从好斗到平和，从过激到不惊，从评论到支持，从指责到原谅……一旦你真的改变，你就真的做到了。

曾经有人对我说：“你是我最想得到的那个。”我转过脸，对自己说：“宝贝，如果你知道……”

当你被爱时，你就得到了征服缠绕爱你的人的恶魔的机会：他的恐惧、他的谎言还有背叛。这时你就有了两个选择：或者继续羞涩而惶恐地表示自己害怕那些恶魔，或者带着只有爱才能拥有的巨大能量勇敢地说“我遇见了恶魔，但我用目光将他制服”。

没有一个真正伟大的男人会因他昨晚遇见的普通小姑娘而兴奋，但是当他们遇见一个眼眸透露着会意的微笑，仿佛她已经完全了解男人，并且仍然打算继续玩下去的这样一个女人时，定会兴奋不已。

当你迈入中年，你就可以用一种全新的角度去看待男人了。当我们还年轻、无力独撑整个世界时，他们在我们眼中是如此的强大。但是一旦你找到了自己的位置，有了自己立足的能力后，就会换一种方式看待男人。他们的果敢、他们的绚烂、他们的破坏欲、他们的需求、他们的灵魂和他们的身体，所有这一切对你意味着和从前远不相同的东西。你不再是谁的附属品，因此你清楚明了，男人既不可能让你原本残缺的生活变得完整，也不可能伤你至深。当我们不再为物质生活水平苦心焦虑，对异性的渴望就会来得更加强烈。

除此之外，经验还教给了我们如何做出更好的选择。根本不值得一试的机会即使自己来到我们眼前，我们理应毫不犹豫地离它远去。我们生活中宝贵的经验蕴含着智慧，它教会我们如何甄选有益的邀约、摒弃无用的邀请。这些是书本上课堂中我们永远无法学到的。

有时，正是这种爱带来的痛带给了我们承担重任的勇气，我们应该感谢生活给我们上的这一课，无论这种痛来时你是何种感受。所以就算我们不再年轻那又怎样？现在我们有足够的知识去对抗无谓的恐惧。既然爱的种子已经撒下，那么，请让它在我们心灵的土壤中生根发芽。

第七章

深夜时分

时至今日，我仍记得医生打电话告诉我的那一刻。当时我正站在厨房里，情感上还没有做好接那个电话的准备。我的月经量已经持续几年很少了，我也意识到尽管我认为自己还很年轻，但极有可能的是，我已经走向生命的末端了。

的确如此。医生打电话回复我。他坦率地说道："你所剩时日不多了。"

我感到天旋地转，腿软得差点站不住。我缓缓地坐下，眼泪便开始流淌。在你多年努力避孕后，忽然发现即使你想要怀孕也无法成功。那一刻，你开始后悔你这一生里所有关于避孕的该死行为。

我记得多年前曾经流行过一张海报，上面一个卡通形象的妇女在呼喊："天啊，我忘记生孩子了！"我们中很多人用去很长的时间来成长，以至于当我们已经年近中年时还没意识到自己是想要孩子的！

有一天我去参加一个午宴。坐在我旁边的男人和我差不多的年纪。他兴高采烈地讲着他那十几岁的继女的故事。他说，自己这一生没有生过小孩，能成为几个孩子的继父，他感到很幸运。

我深深地感受到他的快乐，于是很好奇他的女儿们到底给他的生活带来了些什么。我看了他良久，简单地说道："我们以前都太愚蠢了。"他回看我一眼，朝我缓缓地点头，很明显，他懂得我的意思。

他的意思是说：我们以前都太愚蠢了。

有人曾问过我，我认为我的女儿将会有什么成就，我回答说："首先，她一定会拥有一个快乐的大家庭。"他们认为我在开玩笑，不过我没有。

你想不想要孩子本来并不重要。然而，从心理层面上说，重要的是，当有一天你发现你想要孩子时，可是你却不能有孩子。显然，对于男人来说，事情就不一样了，他们不会像女人一样丧失生殖能力。天知道他们还要等到什么时候才能清醒！（这次，我是开玩笑的。）而对于女人来说，那些每个月都会降临你身上的神奇的东西有一天不再来了，它就是没有了。

我惊恐地看到我十七岁的女儿长大，体态越来越丰盈。当然了，我并不是想拥有十七岁少女的吸引力，但我的确想尽所能地维持自己最好的状态。有一种能在心理上激发欲望的品质——我在法国的时候总能感受到它——那一种觉得任何一个夜晚都将可能成为一个棒极了的夜晚的感觉，并且如果你相信的话，你愿意为此做好准备。

我记得年轻时体内的荷尔蒙分泌是多么旺盛。我记得当身体里所有的细胞呐喊着："去找个男人！随便哪个男人！"后来它们便习以为常地说："随便吧，我无所谓。"我的身体不再像过去那样受自己的支配，而我的灵魂引领着一切到达了一个全新的境遇。

每个人都有那么几年，性几乎时时萦绕于心头，这再正常不过；除非年轻人能度过这段时期，继续前进，否则人类无法繁衍进化。但有的时候，正是对性的渴望变得不那么强烈时，对爱的渴望才变得更纯净。欲望本身是永恒不变的，变化的是我们对于它的理解。有时，人们对于性的了解有很多，然而对于爱，他们却一无所知。

在身体范围内，有些东西随着我们的衰老在冷却；但在精神领域中，一切正开始升温。人们追求成熟的女性不仅是因为她们的身体，更是因为她们的世故。尽管无意识，男人发觉女人的爱是指引他成为一个真正男人的启蒙。从身体层面上说，这种启蒙可以粗野如在车后座的媾和。而从精神层面来看，它是一种内在的联结，这是性所不能保证的。因此，男人需要的不只是女人。他们需要女祭司。

每一个女人都有成为女祭司的潜能，然而通常需要花几十年才能显现出这种特质。女祭司是相当勇猛的——尤其在床上。一旦她降临了，便开始寻找男人，而非男孩。

在某种程度上，男人只知道如何对待女人的身体是不够的。他还需要学会如何对待女人的灵魂，而通常这将是由女祭司给他们的。成熟女人带给男人最好的礼物之一便是能让他的那些年轻的女朋友对他神魂颠倒，“给我吧！我什么都愿意！”年长一些的女人离开，“你还会些什么?”而对于这个成熟的女人，男人必须狠下些工夫了。这话一语双关。

如果你想要孩子，那么显然那些年轻女人更适合。一个男人可以和一个年轻女人生孩子。但他往往在和女祭司的结合中，渐渐成为自己想要成为的人。从身体的角度来说，男人在播撒他的种子，而从精神的角度来说，女人也在播撒她的。最终我们互相影响，重获新生。当一个男人与一个足够成熟、足够聪明、且已经到达了她的女祭司阶段的女人度过一段美好的时光后，他将很有可能告诉女人说："亲爱的，我想我要涅槃了。"如此火辣的女人拥有神奇的孕育力量来孕育一个男人的重生。

有一天，我的女儿回到家对我说，我一定要听听这首超级棒的新歌。这是一首翻唱鲍勃·迪兰的《躺下吧，我的女人，躺下吧》的歌。我对女儿说，我年轻那会儿，大家都在听别人说"躺下吧，我的女人，躺下吧"。就我而言，我肯定很多人都和我一样，我们做了很多事，而不只是听歌而已。前几年我一直问自己："那会儿，我妈妈以为我们每天下午都是在干些什么呢?"

我曾经听说过一句话：不论我们是什么年纪，与我们联系得最紧密的音乐是青春期时的音乐。对我来说，确实如此。而且那些我记忆最深刻的歌是我最爱的歌。从琼·阿姆翠汀到杰斐逊到范·莫里森，他们有许多歌让我想起从前美好的点点滴滴，那些我生命中最美好的时刻。

那些时刻为何美好？因为随着我女儿的降临，它们带我去到一个我与他人之间没有阻隔的地方。这是事实。我们年轻时所经历的那些情事并非不是真实的，正如我们后来不断形成的性格架构无法承受那么多的现实。有些我们社会中所谓的“成熟”其实是精神上的后退。

我主持过很多次婚礼。我深信这种关系的建立。然而有太多时候，我们绝望地发现，婚姻——最伟大的解放者——被自我关进最令人沮丧的监狱，它所束缚的不仅仅是身体，还有灵魂。丈夫和妻子这两个词不应是室友的同义词。爱应该超越世俗，爱应该超越平庸。当爱变得世俗、平庸，它便失去了原有的神奇。共用咖啡杯带来的安慰，有人和自己一起将单据分类；关于孩子的谈话，能够与人倾诉自己对好朋友的害怕，都是让长久的婚姻生活美好的一部分。从情感上说，从世俗层面考虑而为爱设一道屏障，对于我们是一种冒险。

有一次在飞机上，我坐在一个男人的旁边。他向我讲述着他和妻子对建立新事业的喜悦。这是他们婚后第一次有机会一起工作。他们重新整修了他们家后面的库房，将它变成了一个办公室。这一切对于他们来说，是事业以及他们之间的关系进入一个新阶段的完美开始。

他在讲述着他和妻子的计划时，大概看到我被红酒呛到了。

于是他问："怎么了?"

"没什么。"我答道，发现自己根本就不了解这个男人，没有必要主动为他提供自己的意见。然而他坚持询问我的意见。他说："当你站在我的立场上，你也会想听听别人的意见。"

"好吧，我所知道的是，"我告诉他，"当一个女人工作的时候，她会自动切换到男性模式。然而在她工作的同时，如果想要兼顾到家庭，做一个好妻子，那就要求她转换成原本的女性模式。"这是经过我调查得出的。

"请继续……"他说。

"所以现在这个问题对你可能很严峻，因为你和你的妻子可能只可以一起走那条从你们的办公室到厨房的小路，并且当你在准备晚餐时，你们还在保持着之前办公室的话题。"

"这样不好吗?"他问。

"也不是。"我说，"但对于你们的婚姻可能会不好。你已经适应了事业上合作伙伴的身份模式，还将这个模式带到了家里。不久后，它也将入侵到你们的卧室。"

"哇!"男人在话题涉及到性的时候变得很警觉，他说，

“所以我不应该和我的妻子一起工作喽?”

“我可没这么说!”我回答，“但我可以这么说：如果刚才所说的你觉得有道理——如果你觉得你和你的妻子想要保护你们的婚姻不被事业所吞噬——那我建议你们俩在工作时间和晚上之间，分开三十分钟。她需要至少这么多时间，在心理上转换好模式。思索，散步，听听柔美的音乐，点上蜡烛，洗个泡泡浴，任何能满足她灵魂所需的慰藉的活动——这段时间必须成为你们生活方式中的一部分，否则晚上躺在床上的将是一个事业女性，而不是曾经那个性感的女神。”

几周后，我收到他的一封感谢信。又过了一段时间，收到了来自他妻子的感谢信……*

浪漫爱情是人性的一种驱使。就像古代的女神，喜欢接受礼物。它需要受到崇敬、尊重、保护以及珍视。否则，它将离去。

仁慈的上帝啊

请让我成为

一个爱情大师

---

* 我向他推荐了一本书，叫《来自女强人的给年轻妻子的一些建议》，并告诉他我从这位加州南部的心理学家帕特·艾伦那里学会了不少东西。

向我展示爱的神奇
并赐予我爱的魔力
让我不轻易为任何目的
使用它
直到我遇到您所中意的人
阿门

我的一个朋友告诉我，她四十岁的女儿就要结婚了。

“太好了！”我说，“她是不是在疯狂热恋中啊?”

“这个，我也不知道人到四十岁的时候是不是还那样疯狂。”她回答说。

我想了想，为什么不呢？真正的激情并不是源自身体而是源自意识。灵魂的热度应该决定于人的年龄吗？爱本身是不会随着我们的年龄而减少的，随年龄增长而减少的往往是我们接受爱的意愿。年轻的时候，我们爱得热烈、肆无忌惮，直到我们发现那些需要担心的事。然后我们便开始将一层层的伤害放到越来越多的感情上，直到我们的痛苦和恐惧将我们全力以赴去享乐的能力磨蚀殆尽。

年龄与我们为爱坚持的能力完全没有关系。中年并不是说“噢，好吧，现在我就要安定下来”的时候，也不是贸然断定生命热情已经耗尽的时候。生命的热度不是年龄的函数。年龄可能会随着人体的变化而增加，而生命的热度则不会。

爱并不会因为你的年龄的增长而失去它的魅力变得乏味，除非你对爱的态度改变。如果一定要说年龄带来了什么，那就是让你能够挖掘出并珍惜他人的一些特质，而这些你从前是看不到的，因为那时你一心只想着自己。你会一直努力从他人那里寻求自身的完善，直到你完全地适应了自己的存在。当然了，这只是徒劳无功。爱情不是用来完善你的生命的，而是用来扩展延伸你的生命。然而说这种话很难让你赞同，除非你对于延伸的生命这一概念有兴趣。约翰·梅尔有一首歌叫《你的身体就是仙境》。真正绝妙的是如果你能这样说："你的思想、你的心灵、你的灵魂也是如此。"

你无法从一个人那里找到真正的仙境，除非你先探索到你内心深处的那片仙境。这个过程会在一个特定的年纪发生，即使你不喜欢。并且它将改变你。日积月累的社会经验既让你心碎同时又让你敞开心扉。记得在一场校园枪击案发生后的夜晚，我平躺着，受害人家人的悲伤快将我压得透不过气。我转向我的爱人，仅那一刻，我清晰地体会到人类阅历深处隐含的巨大的喜悦与痛苦的交织。在我了解痛苦前，我的爱的方式是不一样的。年龄磨损你的精力，而与此同时让你变得柔软。那时候我知道没有什么能得到保证。没有什么能保护你不受痛苦煎熬。这段感情，抑或是任何其他情况，都无法减除我伤心的可能，但无论如何我的命运总是要来的。然而当我们敞开心扉去接受这个经历，美丽之花便开始绽放。当我们不再把生命中的美好当做理所当然，我们便懂得了谦逊和感激，这远远弥补了那些曾经的年少无知。无知将离去，爱将永恒。我们要做的就是接受这个事实。我张开双臂，将他揽入怀中。

超乎常理地，我认为你的情人年纪多大并不重要，不比你的医生、老师或者汽车保险销售员的年纪多大重要。重要的是，将两人的心连在一起的灵魂的成长。每一段感情都是一段自然的圆弧，现在正好让感情来教给我们一些东西。有的感情长，有的感情短。爱不会向时间低头，因为爱是真实存在的，而时间则是虚无的。一瞬间的真爱，对于某些人，比几十年的岁月更重要。

爱是灵魂的一次探险，不论是以短暂而强烈的婚外情存在的爱，还是以至死不渝的婚姻为存在的爱。用拉姆达斯的话来说，我们被带入彼此的生命中，是“因为一个理由，要停留一个季节或者终生”。而决定两个人之间关系的意义的，不是时间的长短，而是两个人在一起所产生的了解的深度、宽恕和成长。我很喜欢琼尼·米歇尔的一句歌词：爱是两个灵魂的交缠。有的夫妻在一起共度了三十年，而他们的灵魂从未结合过。而经过粗略的估计，他们的婚姻还算是成功的……但我们有很多方法来衡量爱。

我认识一个男人，从生理年龄来看，他比我小，然而相比我而言，他却更坚信自己存在的事实。我一直骗自己，告诫自己，他对于我来说太年轻了，直到有一天我发现他脸上嘲弄的表情不是失望而是不尊重。他对我有很多的期望。他希望我能更诚实一些。

这无疑是个很好的掩饰我害怕的幌子，不断地告诉自己他还没有自己的孩子呢；既然我没法和他生孩子，那我必定不是适合他的女人啊。“如果要说一辈子，那你也许是对的，”他说，“可是，我没有要你给我一辈子。我只是想约你星期六晚上见面。”

若我明明知道我们之间不可能长久，我又如何能够在星期六晚上轻松面对他？我看了《欲望都市》里的一集，叫《到期约会》：如果你早已经知道这段感情某年某月就会终止，那么现在的约会也难尽兴。我花了好一会儿才发觉，那些理由并没有阻止我去享受酸奶，所以也不能阻止我去享受男人吧。

起初，为一个明知长久不了的人沉迷让人觉得恐惧，直到我发觉，死亡不也是如此吗？我是否说过“对不起，我不能与你相爱——过个四五十年后，你很可能就不在人世了？”没有。我们心里有着这样一个双层幻影，生命漫长而爱情短暂。然而事实是，生命苦短，爱情却能永恒。

所以我给了那个年轻男人一个机会——仿佛我有很多要教给他。虽然对他来说一点也不讽刺，但对于我很明显的讽刺是，没有一丝畏惧的他在我们之间的相处中，反而显得更有智慧更强大。他用自己更为开阔的胸襟战胜了我在岁月中积累而得来的知识：少一些规则，少一些限制，少一些不懂装懂的做作。在此，我并不是爱情大师，他才是。我曾以为如果他能和一个比他更世故的女人相爱，便是他的福气；可是我发现，能和一个不如自己世故的人相爱，才是我的福气。人们完美地匹配在一起，带给彼此珍贵的礼物，有时候那些教我们什么时候不去思考的人如同教我们如何思考的人一样重要。知识划分很多的领域。《奇迹课程》里说，爱能重建理智，而非消除理智。

有时，与年轻人交流的价值在于提示自己还尚在人间。他们为我们带来能量，如同当笼罩已久的雾和连绵多日的雨水就要让我们相信阳光不复回时，阳光却猛然穿射而来。他们带来太阳，因为他们正值光芒四射、精力充沛的年纪。因为还未经历中年，他们不会勾起你对逝去青春的感伤。

一段感情不一定能持续一生，但这并不意味着这段感情就不值得认真对待。两个人之间的联系圣洁与否，决定于我们对其所表示的尊重和敬意。人们被他们可以学习的人所吸引，两人的亲密则是一种更深入的学习。在一起三年可以算是深入学习，而两个人在巴黎共度完整的三天，一起吃喝，一起睡觉、做爱，一起祈祷，聊着自己之前所经历的一切，也可以算是深入学习。惟一会摧毁这种深入学习的是当一个人不知道如何正视这巴黎三日，而将其复杂化。要在有限的时间里，与一个人进行灵魂的深刻交流，需要一个人在精神以及情感上有高超的进化。我并不是在说随意的性经历很好。在这种情况下，性绝不是随意而为的。这并不是什么“发生在拉斯维加斯的就停留在那里”，而是说“让一切在巴黎发生的永驻我们心中，永远庇佑我们”。

顺带说一下，如果这是发生在拉斯维加斯，当然也是可以的。

爱情分很多种，各式各样。与一个志同道合的人交往是尤其美妙的。我想象着这样一个人，不论前路崎岖或平坦，他都陪伴我左右，当我欣喜若狂或是伤心哭泣，他知道什么时候该理解我，什么时候该放我自己去面对一些事。他是见证我一切的那个人。我想，感情历经岁月却丝毫不消减的终极价值便在于此。一个人为你的生命作证。你无法在一片虚无中体验生活。有一个人懂得你的一切。当有什么不可思议的美事降临在你身上，他们会和你一样激动不已，而当你做了些蠢事后悔不已时，他们绝不会说“早就和你说过了”。他们对你长远的生命充满信心。他们看你跌倒后又重新爬起来，也看你在胜利中成长。

经营一段长久的感情，关键在于让那个人每天都有所不同。我认为导致离婚的主要原因是，夫妻之间不懂得创造一些空间，让一些改变持续地、不断地发生。当人们说“我们愈见疏远”，这通常是两人初入婚姻殿堂时，爱情合约上缺少一个条款的表现，这个条款是：“我不会阻碍你的发展，你也不干预我的发展。我们互相学习，就会日益亲密、志同道合。”

人至中年，我们都需要蜕去从前的外壳，换上全新的外壳。灵魂亟须伸展。夫妻间的悲剧往往在于他们不懂得去尊重灵魂扩展的需要，不懂得灵魂在扩展的同时能让两人重燃爱火。

我曾认识一个男人，因为认为自己在那段婚姻里无法做自己而离开了他的妻子。他觉得在他们的婚姻里，自己仿佛丧失了曾经的男子气，仿佛妻子吸走了太多氧气，让他不能呼吸。他想只有离开她，他才能勉强算是重新开始做男人。只有那样他才有可能成为他想要成为的男人。

然而据我观察，我认为也许最好的重获自我的办法应该是，在维系这段婚姻的前提下，他能够重拾足够的力量并简单明了地告诉他的妻子，让她给自己多一点空间。一个真正的男人的确是要设定界限的。一个真正的男人的确是需要自己的心理空间的。一个真正的男人的确是不会让一个女人统治或控制自己的。然而一个真正的男人是需要付出一些来获得他所需要的这些的，而不是从一段婚姻中逃出来，并声称这是一种男性力量。

有时候，婚姻的确是结束了——另一个学习的最佳机会来了，是时候结束了；而有的时候人们选择离婚，仅仅是因为他们的伴侣不能为他们提供一些其实只有自己能为自己提供的东西。一段感情会不断提示你，你还不够强大。这就感情本身而言，并不是一件坏事。相反，感情的一部分价值便在于它让你看到了自己。陷入一个新境地，为同样的理由困扰，却能轻易地假装自己并没有重蹈覆辙，这对于我，绝不是什么能力的表现。

在灵魂召唤我和过去说再见、继续前进的过程里，我学到了许多生命中的道理，受益颇丰。当我的灵魂清楚地表示现在我就属于这里，宁静而处之让我收获了和停留于自我争斗一样多的东西……而真正的问题并不在于他而在于那个你知道的人。让人不可思议的是，当站在你跟前的人正是曾经站在你面前的那个人时，你努力做到了突破或者改变。

我和一个男人曾有过一段恋情，他常对我说："取悦你太难了。"这个问题一直存在，后来变成了一个重大问题，因为我总是想方设法地制造麻烦，尽管有时很不必要。我明白后试图弄清自己为什么总要弄巧成拙，为什么我这么迷恋制造问题等等。我寻求上帝的帮助，试图改变这一切，并尽我所能地调整我的行为方式。几个月后的某天，我让一个朋友给我的咖啡再加一份奶油。他笑着回答说："你太难伺候了。"我做到了，我改变了，而他仍在那里。

仁慈的上帝啊

我将所有的情事托付于您

请净化我对它们的念想

只让爱停留

对此以及所有，亲爱的上帝

愿您的意愿达成

阿门

第八章

亚伯拉罕、马丁和约翰

世贸中心“9·11”恐怖袭击使整整一代人结束了天真无邪的青春期而走向成熟。那些原本早就应该长大却还固执地不愿长大的“孩子”们终于离开了他们的乌托邦。所有美妙的音乐都在那一天停止。然而，现在我们应何去何从？几乎所有我所熟识的人都在等待着世界有所改变。

很难想象我们与历史的落差有多大。二十世纪六十年代，我们听着鲍比·肯尼迪和马丁·路德·金的演讲，一起为美国、为整个世界勾画蓝图；我们创作美妙的音乐，描绘梦想的轨迹；我们在政治集会上齐声高歌“我们只要爱”。诚然，或许我们当中的很多人在那时都已被浪潮冲昏了头，然而终究现在的我们头脑十分清醒，我们花了四十年，终于变得足够成熟到可以明示我们长久以来追逐的梦想了。

那么，是什么整整阻止了我们四十年？

我认为，首当其冲的，莫过于谋杀。鲍比·肯尼迪和马丁·路德·金，连同肯特州立大学的四位学生的声音，都被鲁莽而粗暴地打断，不得不静默下来。我们都深知，那些射向他们的子弹，从精神层面上来说，也是射向我们的。这些暗杀行为内含的信息所带来的反响无比巨大。一切抗议活动于是告一段落，人们返回自己的家中。在私人空间中，每个人可以为所欲为，然而离开这一庇护所，便不得不提防那些妄图控制我们思想的人的谋害。

我们只得远离那些或许会夺走我们生命的公共事务。拥有无上智慧和本领的这样一代人，不得不放弃政治领域，而把心思全部花在那些与此毫不相关的私人事务中。几十年来，这似乎看上去十分可行。可是，如今的美国就像一所大房子，我们当中的绝大多数人都争先恐后奔向房子的二层（诸如艺术、精神、个人职业生涯以及娱乐等），甘愿留在一层（即指政治）的只有一些禀赋不尽如人意的人。

我们一度自欺欺人地认为这样的安排很合理，直到有一天我们站在阳台，闻到一楼传来的味道，才发现这所房子已然着火。

直到现在，我们仍有机会使这剧本改写，而指向另一种结局发展。起初，我们选择沉默，那么现在，我们还会依然沉默吗？

仁慈的上帝啊
当寰宇满目疮痍
请准许我带去您的旨意
治愈我的顽疾
我将治愈苍生
而为世界带来
美丽新世界
阿门

在比尔·克林顿的第二个总统任期内，他发表了一个关于种族问题的全国讲话。人们纷纷努力实践这一要旨，不久后，却发现这一美好愿望不得不化为泡影。从变革的角度来说，如果考虑到包括心理、精神、情感以及物质等层面的因素，就会发现这样的结果并不出乎意料。除非那些上百年来饱受种族歧视的人群可以充分表达他们的愤怒，这种努力都是没有意义的。

作为一个从事了二十多年为他人提供精神支持工作的人，我已有了一些在有限时间空间中与他人进行相对有深度的谈话经验。要进行这样的谈话，首先必须给谈话对象提供情感上的安全感，并使之认同这样的交谈。在心理治疗、宗教仪式中，人们都或多或少有过这样的体验。这种交谈与人们平时的聊天所带来的情感共鸣天差地别，这是由不同的脑电波所造成的。

圣母玛利亚四处找寻他的孩子耶稣，最终在庙宇找到，这是有原因的：只有在神圣的场所，人的灵魂才能找到它的同伴。

在那儿，一切得以昭示。当人们得以完全敞开心扉，与他人完全坦诚地交流时，奇迹自然而然地出现了。也只有我们的交流可以到达那种深度，才可以就棘手问题通过沟通取得突破性进展。现在的问题，通过稀松平常的思维是无法得到解决的。那种不能真正深入本质的尝试结果必定只能是一场空。永无终止的攻击和责备？停留在表面的沟通？够了，这些什么都无法带给我们。

惟有全新的观念，连同它所带来的新思维方式与新的希望，才能去除当前所有顽疾。这个星球需要改变，我们也一样。

这些刚刚改变自己的人正是最适合去改变世界的人。人到中年，所面临的一大问题在于，激情不再，热忱散去，每日所为不过是模仿前日。但对于今日的世界而言，当然就个体来说亦是同样，已是大胆摒弃旧局，脱离往日桎梏，拥抱全新生活之时。我们，无论作为一个个体，还是一个物种，都已到了不得不改变的时候了。这种意识不只存在于我们想象中，只要伸手去抓，便可使之转化为现实。我们每个人，只要愿意从自身做起，认可并接受自身的改变，都可以发挥极致潜力去改变世界。

我曾经有幸被邀请参加一次美妙绝伦的私人派对，在那里，我亲眼目睹著名歌手“娃娃脸”自弹自唱他的名作《改变世界》，而几米外，前亚特兰大市市长、美国驻联合国大使、人权领域传奇人物安德鲁·杨静静聆听，若有所思地看着远方。一个动情演绎，抒发美好愿望；一个追忆往昔，回顾所作所为。不经意间，两颗心为同一种情感动容。

真实的影像并不来自往日或来年，它只存在于当下；灵魂并不只是重塑世界这一梦想的避难所，它更是我们改变世界的引导者。通过存在于我们心中的灵魂，我们认识了自己，拥有了迎接新生世界的能力，使我们准备好了面对今日我们所要面对的一切。

没错，我所说的，就是今日。

仁慈的主
烦请您赐我
灵魂和肉体
为黑暗中的凡世
点亮一盏明灯
阿门

人们对世间万物的洞察一点点清晰，历史也就一点点被推进。从犹太人欣然接受一神论到释迦牟尼关于怜悯的参悟，从耶稣基督明了上帝之仁爱到马丁·路德坚信凡人也可以和上帝直接对话，从意大利人用个体的灵感和创造力推进文艺复兴到哲学体系成熟进入启蒙时代，从美国式尝试带来的新鲜思维到原子物理学科的发展——与思维领域的竞争相比，战场上的针锋相对霎时显得如此渺小。这就是时代所赋予的意义，无论从个人还是物种角度说，生命在发展，思想也随之日渐成熟。

我们总是在前进两步之后不得不后退一步，尽管如此，每一个细胞、每一颗跳动的心脏、每一个完美的生命都无时无刻不在进化发展，尽管前面障碍重重。我们要做的就是有意地将这种动力与爱的力量围绕在一起，用天赐的能力把爱的热诚高高举起，那么这种力量终将为人类带来飞跃式的进步。

我为人们理所当然地认为未来五十年内地球不会灭亡这一事实甚感惊讶，要知道，无论是气候灾难还是不加节制的军事行动，成百上千种成因都可以使地球毁灭。

按常理来说，他们所想的理应正确，但是一些精神层面的力量未必符合常理。这里所说，并不是指他们有悖常理，而只是说他们不一定循规蹈矩地按常理发展下去。精神力量来源于人的脑组织，却不为这些生理上的构造所限制。对未来发生灾难的恐慌是源于我们之前的所作所为，我们之后的所作所为也将影响我们之后是否对地球不得不迎接灾难诚惶诚恐。人们对全球事务态度能否有奇迹般的大转变，终归也是由我们自己能否彻底改变所决定。

精神层面的转变才足以深入到改变人类历史现在所处的危险轨道，一味人为地以自己的意志去左右地球必会有严重后果。只是修正这一轨道已经太迟了，我们需要用奇迹颠覆这一轨迹，在这之前，我们首先必须甘愿为这奇迹付出努力。

有爱，自然会有神迹。就我们而言，从恐惧到爱，并不是一种自我陶醉，也不是糊里糊涂的一种念想，更不意味一种新潮思想，而是我们重塑人类社会、影响历史发展的必经之路。

我们所面临的真正问题是我们已经从本性中剥离。与自身脱离，使我们变成了瘾君子；与同伴脱离，使我们嗜酒成性；与世界脱离，使我们成为了世界的毁灭者。这种撕裂使我们从完美的和谐中脱离。这里我所说的，既非隐喻，也非象征，你所理解到的就是我想对你表述的，它是一种严肃的慢性病，它用它暴虐的力量控制我们，使我们有了心灵阴暗的一面。

在一次演讲中，当我提到邪恶这一字眼，后排就坐的一位女士站了起来，说："我并不相信所谓邪恶，当别人觉得看到邪恶时，我看到的是痛楚。"我告诉她，她所提到的痛，其实，是邪恶所带来的后果。然而，我却不能理解否认前因，如何可以得知后果。

把巫蛊之人烧死是邪恶吗？种族灭绝是邪恶吗？不知从何时起，人们竟然开始以"精神上"为理由，为一些行为去除邪恶色彩。

作为《奇迹课程》的一名学员，我当然明白，在现实中，一切都是因爱而生。但是，我们所生存的这颗星球上，并不只有绝对的现实世界，同时也包括一个巨大的幻觉所构成的空间。在现实和虚幻夹杂之中，并非爱永远占主导地位。而真我，至善于怀疑，至恶于暴虐。

相信奇迹并非幼稚，我们不会用一桶桶粉色油漆涂满周围的世界，然后假装一切都很美好。拒绝黑夜来临，就无法迎接朝阳。没有人比那些无法认识到黑暗的诡诈和隐袭的人更适合为黑暗效忠了。真正的成熟并不是远离痛苦，而是愿意用生命去治愈这种痛苦。

这道理就是我们这代人必须明了的。当生活不那么困难时，我们潜意识中便会有一些不好的想象，并最终由这种想象将事情一步步越引越坏。我们需要诸如明尼苏达一座桥倒塌了这样的新闻，因为只有这样，我们才可以进一步假想我们的城市、医院、桥梁、市场、学校、孩子每天都面临炸弹的威胁。

或许，终究很多人会集聚在一起，一同表达心中的不安，恐慌地尖叫："天哪，怎么会这样!"

在这之后，处于失态的歉意，我们会以一个国家、一种文明或是一个个体之名赎罪。我们认识到了我们之前的错误，听任神灵的摆布，并向之虔诚祷告，祈求一次改过自新的机会。

仁慈的上帝

烦请您原谅我们

让世界满目疮痍

今日之苦难

本可避免

为了重生

我向您求情

准许我复原之前的破坏

用希望代替恐惧

让爱赶走仇恨

阿门

笛卡尔说："我思故我在。"我所见，既是我与上帝的感应，因此我是一种存在。失去信仰，我就像是一群随机排列的数字，没有任何意义。

我并不是说离开宗教信仰我就将失去一切，但是，终归会缺少些什么。从信仰中我得到宽慰和安全感，我明白了我不是孤立无援地存在于世界上，正如马丁·路德·金所说"与宇宙同在"。当每个人都被局限在躯体中，无法看到更大的世界，世界将无比冷酷。没有了精神层面，我不知我们这些生物还算不算得上是人类。

每一次当人们问到我，如果我没有遇到那本让我成名的《奇迹课程》，我的生活将会怎样时，我总是习惯地提及BBC的经典剧集《荒唐姨妈》中的艾迪娜。如果你没有看过，请相信我，这部电视剧不值得一看。和那角色一样，很多人在生活中遇到困难时，只会认准某一点猛追猛打，无法发现另一道门已经为他们开启。但大多数人迟早会发现那道门的存在。对我，那扇门或许凭我一己之力无法开启。

在大学中，我读了一些孤立于宇宙的存在和存在主义的绝望之类的哲学书籍，但那时我并不能完全领悟个中意味。时间一点点过去，四季轮回，片片落叶年复一年地从我眼前飘过，我开始领悟那种超脱尘世的内涵。只有当你可以接触到更高一级世界，现在所处的世界才可谓真正了解。

而当你已过壮年，求助也不是一件让你骄傲的事情了。

让我觉得很可笑的是，我听某人曾说忠诚不过是一根拐杖。那么，当你的腿不幸摔断，拥有这样一根拐杖将会是多好的一件事。而且在你康复之前，你不可能离开它。对爱的坚信会使奇迹发生，这就像重力会使东西掉到地上一样。

如果我可以从依仗无所不能的造物主和依仗被痛苦笼罩的世界中选择一个，我定会选择前者，毫不犹豫。有时，当我从晨梦中醒来，我感觉到我和心灵有了交流。我的脑中会不自主地浮现一些神圣的念头。这些年来，我为了追寻一些东西精疲力竭。我有一种强烈的感觉，在那些特别的时刻、特别的日子里，我的灵魂给了我力量，我也同时给了我的灵魂以启迪。至少，这就是我一直所祈祷的。

每次遇到困难，都是我们成为更优秀的人的一次挑战。问问自己，为了改写历史轨迹，你遇到了什么挑战？是何等的突变使我们可以由创造困难飞跃至有如神助般解决困难？当我们摒弃憎恶，我们会成为何人？

想到这些，不禁使人兴奋。每当困难发生，生活都有解决的方法，那么此时，他早已将救世之蓝图刻画于我们心中。旧的观念全部离我们远去，人们终于明白自己是为爱而生，为爱而来。

不住地祈祷，并寻找新的道路，是我们当务之急所能做的。这些祈祷者，就是神迹的载体，他们使我们改变，并通过改变我们，终于改变整个世界。

我们祈祷的首要原因就是为了对付黑暗的世界，增强我们对猖獗的混乱的抵抗力。在如今这样一个历史转折点，很多人都在经历痛苦，而我们中的大多数甚至没有意识到这种痛苦。我们都应当坚定信仰那些祈祷者，因为他们可以带给我们未来的曙光。

有趣的是，我们祈祷却不只是为了对付黑暗世界，也是为了光明的世界。我们受到祈祷者的光束照耀，但是如果我们自身没有准备好，却迎来了神迹，就不能为我们带来益处。因此，祈祷者不止为我们带来光明，也使我们准备好迎接光明。

正如马丁·路德·金所说："我们的灵魂和生活都需要一次质的飞跃。"很多人认为如今的我们被逼迫而不得不使自己的生活对于整个世界越来越微不足道，或许真的是这样。但在精神领域，我们迫切需要使自己的生活变得更有意义。

我曾听著名作家斯泰德曼·格拉汉姆说："即使是最精于生活的人也不可能百分之百地使生活完全有意义。"他的观点使我沉思已久，令我思绪万千。我想，如果说一个人的人生中占 80% 的部分是有意义的，那剩下的 20% 在哪儿？难道真的存在一个架子，在上面陈列着我们剩下 20% 的潜力，等待着我们去发掘？抑或这剩下的部分是被上帝储存在一个安全的角落？那么，如果我们得以一下子全部寻回我们剩下的生活的潜力，我们是不是就能重新得到我们前半辈子所失去的一切？

但我们在某一方面感觉到不顺利时，我们便充分体验到了低谷的滋味，周围一切困难看上去都高不可攀。但是，当我们重新找回某种一度失去的感觉，重获某种能力时，我们人生曲线便极度上升，到达了我们本应到达却迟迟未能达到的领域。这种飞升常常在人们意识清醒时发生，一刹那，在我们体内潜伏多年的潜力便喷涌而出。

即使你不是瘾君子，生活在如此一个社会，你也会或多或少对一些事情上瘾。前总统布什说得好，“美国对石油有瘾”（或许他提到的不只是石油）。在这样一个运转不良的系统模式下，我们的生活不得不由此导致种种束缚。如果父母中有人嗜酒成性，孩子定要背负由此引发的心理负担；如果候选人在总统选举中舞弊，那么国民定将为此背负心理负担；如果一个国家因石油资源入侵别国，那么所有这个国家的国民都会因此负罪，心中不愿，却不得不成为帮凶。如今，这种行为被委婉地叫做“政体变更”，而在从前，人们更愿意把这种行为直截了当称为“掠取与抢夺”。这种由此所带来的力量作用于人心，使我们无法成为更好的人。难怪如今有如此多的人有这样或那样的心理问题。事到如今，事情已到关键时刻。

我们几十年来一直神志不清，现在，无论是从心理层面还是情感方面，都是时候使我们自己清醒过来了。这样，我们才能发掘我们生命中所剩的潜力，争取使它百分之百得到充分利用。事情就是这样，一起祈祷吧，一起行动吧。

我们的问题并非我们不把爱当成一件重要的事情，而是我们没有把爱当做最重要的事情去看待，有太多太多杂质，使我们分散对爱的注意力了。

但是如果你已经历足够岁月的洗礼，就会有些不同。你的孩子们要经历一些本可避免的痛苦，孩子们或许还要离开家园奔赴战场，又或者在这个充裕的时代还有人被饿死。与这些相比，一些小事便显得微不足道。新的一天到来，你读着新来的早报，会情不自禁地问："我们人类究竟在干些什么?!"

仔细想想，恐怖分子实在让人无法心安，但他们对自己的所作所为十分清楚。很显然，他们有自己的计划，为了让这计划继续下去，他们会不择手段。然而我们当前最大的问题不是我们没有坚定的对恐怖行径的憎恶，而是我们缺少坚定的爱。

通过每个人的爱，我们共同为整个世界提供更多的可能。南美洲某个角落的蝴蝶轻轻拍动翅膀，北极的风向就会大受影响。在生活中也是一样，你所做的每一件小事都会影响你的生活。

若干年前，宾夕法尼亚州的孟诺教派看轻一些尘世利益，告诉了我们什么是真正的爱。如果世界得以在灾难中幸存，我便相信他们。当孩子们被丧心病狂的枪手绑架并且杀害，孟诺派教徒原谅了那些杀人犯。你没有看错，他们原谅了那些杀人犯。那时，毫无疑问，全美国人都从他们的身上看到了一种迹象。从不轻易流露出真感情的新闻播报员和评论家在报道这一新闻时，都前所未有地表现出了谦逊和真诚。

按照我在《奇迹课程》中所说，所有的心灵都是连接在一起的。没有人可以真的体会到这些孟诺派教徒在面临如此大悲剧时心理的真实感受。他们所表现出的体面风度，给了我们所有人恩典。我们不只是感受到了他们的悲痛，更感受到了他们的精神。紧紧抓住光明，他们超越了黑暗，而这并不只是为了他们自己。耶稣被钉死在十字架之事不会再发生一次，耶稣死而复生亦不会重演，但耶稣和他的忠诚信徒孟诺派教徒却将这精神继续。

爱之于恐惧，如同光明之于黑暗，当其中一个出现，另一个就会消失无踪。当我们当中有足够的人愿意代表爱、代表光明，战争自然而然就会停止。当然，这里的爱是指那种强烈超凡的爱，而不是被过分简化了所谓的爱。只有爱才能解决一切问题。对于我们，“只有去爱才能被救赎”这一观点比战争更让我们心惊胆战，难道不是这样吗？我们比抵制核武器更强烈地抵制这一说法。为什么会这样？

因为我所提到的爱是可以逾越个人的，而我们所生活的这个世界却是满足个人欲望的天堂。这种自私自利之心明白，拥抱真爱，自己就会消失得无影无踪。但决定权在我们：究竟是让这种自私之心活下去，还是让我们自己活下去。

并非每个人都拥有大量的金钱和世俗的权利，但每个人都有同等的能力去思考、意欲，或者虔诚祈祷。爱是永远可再生的精神资源。如果我们不再为政体之间的纷争而操心，而是更多地思考整个世界，我们就会尽我们所能去拯救世界了。

不管你是谁，我们都会有一些事情就像灵魂的召唤一样迫使我们去完成，但这种召唤并不是清楚明了地写在天空，而是要我们自己找寻。我们永远不可能知道一次际遇会给我们人生带来怎样的变化，但我们既然选择这种际遇，我们便始终要好好地表现。上帝创造的宇宙本身便是他的意图所在，倘若你的意图得以与之一致，你便自会有所感知。

憎恨和恐惧得不到宇宙的力量的支持，即便他们拥有了力量，也不可能获得精神的力量。因此，当他们与爱对垒，自会败下阵来。诚然新闻中总会有骇人听闻的事情发生，但与爱相比，这些事情还是很少。但这也许就是更大的问题：这些让我们发自内心地思考我们究竟是谁，我们究竟应该如何生活。马丁·路德·金说，现在已经到了把爱注入人类静脉中的时候了。爱正冉冉升起，它是一种新思维，是心的转变。

医药、教育、商业、媒体、政治、艺术，每个领域都不断有人为我们带来卓有见识的新兴行为方式和准则，而我们，无关你是谁，都可以用这些改变我们的生活。从为了避免全球变暖而更换节能灯到加入社区学校的重建，从参加调停小组到原谅他人冒犯我们的行为，我们都将参与到创造和改变的新浪潮中。当我们意识到、并投身于创造一个充满爱的地球这一行动时，所有与爱相对的力量就会自然退去。

只要我们每个人都愿参与其中，或许一瞬间，我们所生存的这颗星球就会有很大转变。

仁慈的上帝
我将世界
置于您手掌中
烦请赐我能力
使美好永驻
阿门

第九章

我们就是世界

年龄的奇迹

随着我们年龄的增长，我们的精神以及我们的肉体需要更多时间来沉静，进行更多的思考，以及潜心研究生命的奥妙。这并不表示我们退出了世界的舞台，而是我们开始从一个更加深刻的层面上去体验世界。所谓的世界，远比我们肉眼所能看到的大很多。衰老过程的部分价值——是的，我就是这么说的，衰老过程的价值——在于它将我们领入到这样一个物质世界的现实与我们不再紧密相连的境地。与其说我们远离了世界不如说我们正在探寻它。我竟恍然发觉忘记某些事情是多么让人释怀，谢天谢地，我忘记了那些事情！这不是说我们可以因此而彻底消除诸如阿兹海默症之类的事物给我们带来的恐惧。而是我们可以使得自己的某些改变不超出自己的掌握。

我很确定的是，现在的我无法如年轻时那样思维敏捷，也无法如年轻时那样口齿伶俐、活动自如。然而我发现我的思想更深刻了，我看待事情的角度似乎也更加全面了。

有一次我夜里醒来，脑中忽地犹如黑夜中闪烁如霓虹灯一般灵光乍现：人类的救赎在于我们为彼此的生存之中。我知道，我知道，这对我不是什么新鲜事。然而当这一概念向我袭来的那一瞬间，是如此宏大与深刻。

很显然，我们都听说过这个说法，可是我们又何尝不是为它的真正含义而困惑呢？这是否意味着我们应该把所有财产都送给穷人？这对于我们对这个世界所负担的责任又有何影响？我们是不是不该为我们的孩子营造一个家呢？我们不该养育他们，让他们衣食无忧吗？那么享受一些美好的事物是不是有罪呢？

《奇迹课程》里是这么说的，“拥有一切，并将一切奉献给所有人。”然而当你偶尔看看这个物质的世界，想一想，这句话似乎也不是说要无私地将自己的所有全部贡献出去……

那一夜，我脑海里所回荡的那句话不是“把你所拥有的都贡献出去”，而是“为他人而活”。我很好奇的是，如果我们都能做到为他人而活，世界将变成什么样子。

我们习惯性地想当第一，成为最重要的人，仿佛“我”比“我们”更重要。然而从为自己而活到为他人而活的转变，则显然是人类精神对人性返璞归真的迫切希望。

那么为他人而活总有一个合理的界限吧？为他人而活是指我得把我的所有分给每个人吗——比如我的时间、精力以及我的心？我试过这么做……当自我牺牲的模范……不留一点时间给自己，认为为自己打算是错误的并因此愧疚，总在为讨好、服务他人而四处奔波。然而我最终却无可遁形。如果一定要说这一切给我带来了什么，那便是对窃贼的愤怒、憎恨和情感上的不堪一击，以及让我更加深陷于精神之路上自己身后留下的痕迹，让我停滞不前。因为总在半路受挫，我鲜有机会以最棒的我来对待他人。

合理的界限是受到人们赞许的，它既显示了对设置它的人的尊重，也显示了对需接受它的人的尊重。我想如果我们能寻求一个平衡的生活，那便是最好的。首先，能善待自己并和所爱的人和睦相处，这样，当我们面向世界的时候，我们能为它做的会更多。因为我们提升、完善了自己。

《奇迹课程》里提到，在上帝的字典里是没有“牺牲”的。对于我们所面临的更为重大的任务来说，惟有以公平合理的方式对待自己才是有意义的，因为我们无法成为别人，我们只能贡献真我。从和平的空间里，我们获得的远不只是可以贡献给世界的充足的金钱、时间和精力。服务是一项谨慎的工作，而互相依存则不是。

那么，我们如何为他人而活？我所能想到最好的就是为他人服务。这就意味着，比如，我可以让帮我把行李搬进宾馆房间的人感受到我对他真诚的谢意。当然了，我可以大方地给他小费，不过最好再附加上我对他的服务的尊敬态度。这两点都很重要。这就意味着，任何我要进行精神实践的时候，我都可以全力以赴地对我面前的或是与我通电话的人以及任何人，表达我的爱和尊敬。

我们中有很多人也许并未意识到，他们每天都比别人接触到更多的人。在每一次偶遇中，都有创造奇迹的可能。在你买咖啡的时候，你与柜台那边的人打交道。你打电话让人修理烘干机的时候，你在与电话那头的人打交道。你会遇到清洗公司大楼窗户的人。也许你的微笑出现，如此微小的怜悯并不能为宏大的天地万物带来些什么，但这并不重要，重要的是这为你带来了什么——它让你改变——它也同样改变你的世界。

目的的转变决定是否神圣。如果我们所做的一切只考虑自己，那么这纯属精神死角。世界上没有哪一种恩泽是会庇佑这样的行为的。而怀揣他人利益所进行的一切行为——即使其中也包含了为了准备更充分，随时为他人服务的自我考虑——都将会得到天地万物的祝福。

拿假期举个例子。每隔一段时间，出去度假，放松你的身心是很有好处的。假期能够增加夫妻、伴侣、朋友和家庭成员间的联系。服务的规则并没有要求你回避一切享乐的机会。事实上，快乐的人更加富有生产力。你越是关注周遭的世界，宇宙越是会为你提供可以哺育灵魂的养料并让你不断前进。

该娱乐的时候就娱乐，该工作的时候就工作。这两者之间的关系似乎是存在于所有自然系统中的定势，不论何时何地，你都能从骨子里感受到。当你的生活充斥着玩乐而没有工作，你会感到不安。而当你的生活全是工作，没有一点娱乐，那么你的生活就失衡了，你将变得一无是处。实际上这是因为关于世界的问题都太过严谨，以至于有时候我们必须尽一切可能让自己别太紧张。怎么确定你在对的道路上？其中一种就是如果你严谨对待工作，同时又认真地让自己快乐了，那么你就对了。你觉得对因为它本来就是对的。在最深刻的层面上，我们的需求都只有一个。

在最近的几年里，我们见证了一个有趣的趋势：“第二事业”成为了人们的一个新乐趣，即那些花了二三十年甚至四十年去追寻一个目标的人们换了新的目标。曾经被视为退休的年纪，现在，只要人们愿意，被视作事业的第二阶段。人们开始把第一份、也许相较之下更为体面的工作视为引出他们注定要用生命为之奋斗的更为重要的事业的前奏，而不再将第二事业视为什么扫兴的事，或者“一个不足挂齿的、不过是用来打发时间的事”。他们认为过去那些用以衡量物质上有多么成功的成就，是他们为之后将迎来的更为重要的成功所做的准备——这意味着他们从这些准备的过程中，获得了最终创造出自己最大的贡献时所需要的技能。

中年，是年轻岁月时的波涛动荡转变成最高层次的天赋显现时期：这是对我们自己以及其他人都有利的。我们也许要花十年时间来立业，另外十年探索如何成为一个富有同情心的人——再加十年来学会如何做最好的伴侣或父母，而当我们步入五六十岁时，我们才终于做好了开始我们生命中最灿烂的一段的准备。

从那些厌恶自己的工作几十年最终回归自己内心最真实的召唤、重获自由的人，到那些正值中年或老年、一直热爱着自己的事业但仍然在追寻着生命中更有意义的事物的人，一些事情正悄然发生，使得每个人开始明白，现在并不是叹息生命苦短的时候。

鲍勃·戴利是第二事业现象中一个有趣的例子。他在作为华纳兄弟的主席和首席执行官十九年后，毅然辞职，最后成为了拯救儿童机构的主席。在当代美国标准下，他已然是一个巨大的成功，而他现在用一种更加宽泛的方式来定义“成功”。

戴利追寻着美国梦，并为它赋予了新的意义。刚高中毕业的他，便开始打拼事业。他在哥伦比亚广播公司的会计部门工作，拿的是最低的薪水，每周四十一美元。他在那里开始努力进步，实践着那一代人的事业梦。他喜欢电视，于是他建起了电视网络。他喜欢电影，于是开了电影制片厂。他喜欢棒球，于是就买下了洛杉矶道奇队的一部分，经营了好几年。但是他很明确地表示，他现在从事的是最好的。

戴利说，他从来没后悔过，没有好奇过自己在事业的巅峰期决然离开是否正确。拯救儿童机构为他开辟了一片他从未了解过的天地。他说，大多数人既不了解全世界的孩子所受的苦难，也不了解他们得到了多少人道主义关怀的拯救。“你从电视上看到一些片段，然而你并不能真正了解。只有你和那些大学时便决定不受金钱利益的驱使，那些将毕生精力投身于此事业的人们共处一室，你才会恍然大悟，他们是如此的特别。我这些年挣了很多钱，我很高兴，也十分满足，”他继续说道，“但加入拯救儿童机构也许会是我所做过的事中最有价值最值得去做的。”现在，他正创造着他所谓的精神价值，同时因为借用了自己强大的管理能力来帮助减轻世界各地的儿童所遭受的苦难而感到满足。

戴利离开华纳兄弟，在他的朋友间引起了争论：“他们能够理解我想要去经营道奇队的心情，可是抛下一切去拯救儿童机构……有些人可以理解，而另外一些则认为我是疯了。”

鲍勃·戴利是一种新趋势中的一分子——他的同龄人，他的美国同胞们以及他那一代人中的一分子。从那些从事志愿者活动的人，到那些捐献大量财富的人，人们越来越认识到每个人都应该尽其所能去解决关于人性的最紧迫的问题。戴利感受到了一种良好的氛围。“慈善，”他说，“已经变成了优雅的潮流。”

这非常好。当这一代人如沉睡的狮子般终于醒来，惊恐地发现在它沉睡之际，一些巨大的问题正在酝酿，新一轮的人道主义热情开始膨胀。

对于当今五十岁的人来说，他们还将有二三十、甚至四十年的时间用来工作。我们仍然有时间。在这颗星球上，此刻，如果曾经也有过这样的时刻的话，正是需要所有人都奉献力量的时候。它所需要的不仅仅是身强体健的年轻人的力量，它也同样需要那些拥有岁月的磨练所带来的智慧的人们贡献力量。如果我们即将步入中年，那么我们见证了曾经富有希望的世界。那些希望现在缺失了，而我们的职责便是重新找回它们。

2007 年初，我十分兴奋地参加了为南非女孩设立的奥普拉·温弗瑞领袖女子学院成立周年庆。奥普拉常常引用埃米利·迪金森的句子，“我居住于无限可能中”。她的确是如此，并也为成千上万的人们提供了更多可能。我便是其中一个。在那次去非洲的旅行中，一些通往新的认知的大门向我敞开。

在林间漫步时，我们时不时地停下，在各种各样的地方休息。我将永远铭记那时我们是如何洗手的：想象一下，一个美丽的非洲女人，身着当地的衣裳，和你打招呼。手里捧着一个木和黄铜混合制成的陶罐和盆。你轻轻地伸出双手，她将肥皂水缓缓浇在你的手上，接着又将温热的水浇上，水流汇集在盆中。这不仅仅是洗手，仿佛是在接受一项充满意义和优雅的感官洗礼。你所得到的并不只是肥皂水和清水，你所洗去的不只是身体上的污垢。如果那时她是为我洗脚，或者我是为她洗脚，我就不会感到那么的自由和庇佑。这些年来，我一直都吸收，然而我仿佛从未真正地了解到我在做什么。

有一天游猎回来，我们被一个女祭司叫去人类摇篮（“你的脐带就埋在这里”），后来在帐篷底下享受了一顿由烛光照耀的丰盛晚餐。某一个和我同一桌吃饭的人提到，古非洲部落的国王和王后是如何最先成为奴隶的。我环顾了同桌的其他客人，其中包括一些当代非裔美国人社会的艺术和文化界的名人。我思索着，这些人，至少打个比方说，就是这些国王和王后的转世，重回故里。那些奴隶的后代获得了如此荣耀，终于能够衣锦还乡了，带着在二百多年前根本不可想象的权利。

晚餐结束时，舞者便出来跳舞。渐渐地在座的宾客也被舞者们吸引来加入他们的表演，好莱坞黑人明星开始和着当地的旋律与当地的非洲人跳起舞来。生命似乎放慢了步调，我仿佛也被容许来见证这个真实的预见性时刻。看着摩登与古老世界的融合，我想是上帝向人们伸出了手，仿佛是对人类的最后一次恩泽。我们被授予一个任务，如果完成得好，便能迎来重大的救赎机会，从而以此来抵消我们作为一个物种的行为带来的不可避免的严重后果。

我理解了，目睹了，亲闻了，也感受到了。非洲。拯救母亲，便能拯救她遍布五湖四海的儿女。

仁慈的上帝啊
在这重要的时刻
请为这世界点亮一条路
趁一切还来得及
让它自救
任命我吧
凭您的意愿
让我来驱逐黑暗，迎来光明
阿门

当今世界的贫穷人口数量，骇人听闻：每天有三亿五千万儿童晚上睡觉时肚子都是饿着的。人类对地球的绝望程度使得现状很不稳定。

我们如今正处于一次伟大的变革，从人类历史的一个时期到另一个新的时期的巨变。今后的几年间，一切都将发生天翻地覆的变化，而我们也许会步入一个崭新的黑暗纪年，又或者一个全新的阳光灿烂的纪年。

我记得芭芭拉·史翠珊在一首歌里唱到“生命中最美好的便是自由”。同样的，怜悯心，读书给孩子听，宽容，温柔的抚摸，温馨的想法，饶恕，祈祷，沉思，爱，尊重，和平，这些最强有力的事物也是生命中最美好的。

而这些都来之不易，需要花费很多来捍卫：B－52飞机，远程导弹，军用直升机，坦克，AK－47步枪，火炮，野战加农炮，F－16战机，旋转翼飞机，濒海作战舰艇，联合攻击战斗机，假肢，战争。

让人脊背发凉的事实是，如果我们不停止战争，战争将毁灭我们。阿尔伯特·爱因斯坦是这么说的："我不知道第三次世界大战中会用生命武器，但我知道第四次世界大战会用棍棒和石头作战。"

在一个充满各种非凡的、能造成巨大损失的方式的世界里（第二次世界大战的摧毁能力相比今天我们所拥有的损毁能力，简直是小巫见大巫），战争已不再是一个得以保证持续的选择，甚至从长远来看，对于我们人类，战争也不再是能让我们存活下来的选择了。国会议员丹尼斯·库辛尼奇说："我们必须质疑战争是不可避免的这种观念。"面对这样一个已经超越了疯狂、自我毁灭的、现如今统治着国际关系的军国主义的世界，表明立场是我们这一代人的道德义务，而非我们孩子那一代人的义务或者他们的孩子那一代人的义务（等到他们的时候已经太晚了）。直到现在我依然难以置信，美国领导者谈论战争仿佛是说起小男孩玩的一套积木。

事实上，战争只能带来受害者。被杀害的人们是受害者，被派遣去杀人的人们也是受害者。创伤后应激障碍所指的不只是记得目睹人们遇害的痛苦，它同样包括记得自己杀人的痛苦。战争是恐怖的，人们理当如是认为。为一些虚假的理由开始一场战争，而非逼不得已——或者对待战争仿佛看体育比赛一样吹哨呐喊——是一个国家失去信心的表现，也或许是这个国家疯掉了。

这种态度的本身并不是和平主义。我们处在这样一个时代里，面对很多新的产生于这个时代的问题。其他时代的人可以争论这个或那个战争的道德合理性，而我们却不可奢望那样的辩论。我们的挑战便是终止战争、超越战争。

有些人似乎认为我们可以继续制造更多的核弹，将武器放到外太空，创造更加毒辣的化学战争方法，并更多地向别的国家销售数以亿计美元的军火——更别提着手于制造更进一步的军事事故了——却不导致我们的城市和居民受到巨大伤害。这些人如此盲目、冷血，他们不该再被授予统治管理权和我们的信任。

现在，一股新的有思想力、开明的观点的思潮正横扫这个星球，任何不能理解它的当权者，其权力都应被终止。

一个新的对话产生了，我们所有人都应竭尽全力贡献出自己的声音。重新设计世界的时候到了——依据深刻的人道主义，而非传统的经济地理政治学——其中，改善人类所受的不必要的苦难成为了人类文明的组织性原则。

说起这些的时候，很容易想到婴儿潮。归根到底，难道那不是我们在二十世纪六十年代时说的吗？它带来了什么？是的，它带来的是一场战争的终止，这可不是无足轻重的。可论证的，如果不是博比·肯尼迪和马丁·路德·金因深信它而遇难，它也许可以带来更多。当年那代人的错误并不是没有正确的目标，而是没有意识到人们自己必须成为达成目标的方式。用甘地的话说，“终结便寄居于方法之中”。要想我们所期望的世界的改变发生，我们就必须要改变，否则改变便不会发生。那时我们并不明白，但现在我们懂了。如今我们更精通政治，对爱也如是。我们逐渐变成了安德鲁·哈维所说的“神圣活动家”。虽然我们觉悟得有些晚，但我们终究是觉悟了。

我们带着灰白的头发和讽刺醒悟过来：那些曾宣称战争是虚伪的一代，已然成为了最虚伪的人之一；那一代试图用鲜花代替手枪的人更多地用手枪代替了鲜花；看看吧，我们只有十分钟从昏迷中醒来，重新汲取精力。

与其说我们最大的错误是政治上的，不如说是想象上的。我们应该去想象一个和平的世界，然后再回头努力创造这样一个和平的世界。只有当这个世界上有更多的人吃得上饭，有房子住，可以接受教育，这个世界才能得到和平；只有当更多的人们获得了他们所需要的医疗救助，更多的妇女获得自由，更多的机会向更多的人们开放，更多的资源得到公平分配，这个世界才能得到和平。这些事不会只是“还可以”——它们是通往可生存未来的关键。花一些时间想象一下，现在美国政府每年在军事和国防上花费的6000亿或更多的美元（此花费不包括用于伊拉克战争的花费）。退回到三十年前，如果我们把这笔开销的大部分花在上述提到的人道主义关怀上，会怎么样？如果世界上的人们看到的是印在学校、马路和社区医院上的美国旗帜，而非印在军事设施上，会怎么样？那么我们还会那么容易激起别人对我们的怨恨吗？那么是不是有可能不会发生“9·11”事件？

对于现在的政治状况，这些问题是可笑的，但在这个时点上，一个意识清醒的人是不会因其止步的。那些还在用更适合看待六十年前世界的眼光看现在这个世界的人，是不能够指引我们前进的。我们只有以一种全新的视角看待我们想要到达的地方，才能向其迈进。而如果我们遗忘了深埋心中的人性，那便永远到达不了目的地。我们要做的不只是打败敌人，我们需要结交更多的朋友。如马丁·路德·金说的那样，我们要把时间变成一个“受爱戴的社区”。

我们应使政治学和经济学反映我们的精神性，否则是模仿它。人性会改变。惟一的问题是，我们是因为在智慧中发展而改变，还是因为不改变带来的疼痛已经让我们别无选择。一颗核弹足以摧毁每个人的生活和工作。不顾及对他人的影响而随心所欲，在经济上，或在任何别的方面，都是不精明的。这样的思想应该遭到否定。现在，正是我们超越现代性局限的视角，主张一种更明智的世界观的时候。

据说拉尔夫·瓦尔多·爱默生去探望因反对美墨战争而被判入狱的亨利·大卫·梭罗时，问他在监狱里过得怎么样。亨利·大卫·梭罗回答道：“你在外面过得怎么样?”那种感觉就像是今天，你放声大喊“犯规”！任何不这么做的人肯定是疯了。

年龄给你一种感觉，你所知道的便是你知道的，任何不认同你的人都将无法让你改变主意或是让你闭嘴。惟一让你认为你应接受一个想法的理由便是那也刚好是你的想法。你也许是对的，也或许是错的，但你无论在何种情况下都不会对你所相信的人保持缄默。如耶稣在多玛福音里所说："如果你能提炼出你所拥有的东西，它将拯救你。如果你不能提炼出自己没有的东西，它将毁灭你。"

创造一个新世界的其中一个方法便是在言论中谈及它。爱并不是一个柔弱的词。一次一个词，一个祈祷，一本书，一个演说，一场交谈，一首诗，一段剧本，一首歌……我们将说爱，而我们的话将盛行起来。

"我的双眼目睹了主的降临的荣耀/他踏着满是愤怒的葡萄的收获期而来/他已释放那把神奇快剑的致命光芒/他的真理在前进。"

记得在肯尼迪总统遇刺后，我在电视上看到朱迪加兰唱《共和国胜利之歌》。当时我还太小，无法消化当时发生的事，但从我的父母亲的眼泪和朱迪加兰的表演中，我能看出当时的情况是多么糟糕。而那一切已成历史。加兰唱那首歌的影像在我脑海里回荡了四十多年。它所蕴含的信息至今仍让我坚信，不论发生了什么事，不论这世界有多少残酷和不公，上帝的真理终将打败一切。

我有一个朋友，十七岁时就进了监狱，现在她三十四岁。她因开车经过大麻烟出售地时遇到一个人被杀而判罪。那一晚，在底特律警察九个多小时的强行逼供下，她被逼接受了他们伪造的策划毒品销售的罪名。（"只要在这画押，你就能回去见你妈妈了。”）没有宣读米兰达权利，没有律师的出席。这位美丽的女士，在她 17 岁那年无论如何都不会知道如何对待警方的施压。而今，她坐在牢房里，连要求获得减刑的能力都已失去，而这是任何一个对公平有合理的认知的人都会去努力获取的。她梦想着，很多人也希望，有一天她能从这人间地狱中重获自由，过上平常人的普通生活。

我曾问她出狱后想做些什么。我告诉她，她和家人来拜访，我就带她去任何她想去的地方。我想，可以去理疗所，海滩，或者任何地方。

她的回答？看之前请做好准备。

她的眼睛亮起来。“CVS 药店，”她说。“我想去 CVS。我想自己挑些适合我唇色的唇膏。听说那里有很多种呢。我们这里就只有一种颜色的。”

她的眼中闪烁着希望，而我的眼里则闪着泪光。

于是不论什么时候，我感到生活不如我想象中那样，我就想想托妮。如果你还有机会醒来迎接新的一天，基本上想做什么都可以，可以尝试各种方法改变之前的错误，那么你便是幸运的，你还在这场游戏之中。有的人曾犯过错，他们因此无法赎罪而重新来过。

为了“踏着满是愤怒的葡萄的收获期而来”（抵消仇恨）以及“已释放神奇快剑的致命光芒”（宿缘和正义更为温和，但我不打算修改朱莉娅·沃德·豪的词），上帝需要我们的帮助正如我们需要他的一样。豪在词的后半部分写道：“他为让人类神圣而献身，让我们为了解放人类而活。”但愿如此。

我们要做我们现在所做的事——不仅仅是为了自己，也是为了托妮，以及成千上万和托妮同病相怜的人们，因为我们深知自己可能会和她遭遇同样的事。

然后，当然地，在这一切结束时——经过这么多年的渴求和冲突、成就和失望后——我们终将化为尘土。所有人都渴望着隧道尽头现出的那一点光亮，我们所耳闻的那超脱世俗的和平，以及在最后感受到和平的快乐，那么这一生就无憾了。

死亡一直被称为我们的“下一场探险”，随着年龄的增长，这句话就更贴切。卡尔 JUNG 说，“在死亡面前退缩是无益且不正常的，这样便剥夺了生命的另一半意义。”这不是说我们应该因死亡而感到兴奋。但这是在信念上必须承认的——要相信没有任何事物存在于上帝之爱以外、上帝之完美以外或者上帝的计划外。如果上帝让我们离开这里，则是让我们去向更光明的地方。

对于我自己来说，死亡最让我忧愁的便是要离开我最爱的人们。然而我又想到了那些我深爱的已经过世的人们，等我离开人世后，便能再见到他们。同时我又想到了我死后留在人世的人们，但他们终将穿越死亡线，来到另一个世界与我重逢。哪怕是最受保佑的寿命最长的小孩子，也总有一天要面对死亡。所以不论我们的生命之路是长是短，我们都在朝同样的目的地前进。在上帝的字典里，爱是惟一的终点。

生命并不会因为终将结束而失去其重要性。实际上，结束让生命变得更重要。对人生有限的觉悟使得我们产生了一种必须明智生活的紧迫感，要完完全全地珍惜生命，要在我们的有生之年更加用力地去爱。年轻人有种不可思议的想法：很多年轻人暗自认为，他们将逃过死神的追逐（“死神不敢来找我!”）。由于抱着这样一种生命无限的错误想法，他们就忽视了生命的重要性，随意地对待生命。当我年轻的时候，我惟一认真对待的事情实际上是不重要的事情。而正是随着年龄的增长，我才终于体会到生命是多么重要。

当你年轻的时候，从来不会想到也许这一次是你倒数第几次给一个朋友打电话。一旦你恍然觉悟到在这个物质世界里，任何一次经历都是非常有限的，你就会发现能够打一次电话是多么棒的事。正如我的朋友莎拉常说的，“时间逝去如流水。”这不就是事实吗？

我们期望那些我们不懂的事情能过得飞快。当我们年轻的时候，我们并不知道——除了理智上的，然而即便如此，我们也并不真的相信它——自己的精力和热情其实是有限的。当岁月迫使我们看到有多少东西已经流失，我们震惊了，并因发现那些失去了并且再也回不来的东西而伤痛。

然而当那打击渐渐消失，一些事情发生了……一些微妙的但却重大的事情，与世界的思考相背离。我们在餐厅和戏院看见年长的人，我们带着遗憾嘲笑他们的衰老。而我们所没有意识到的是——我们又怎么能意识到呢——这些男人和女人中有很多存在于另一个平行的时空里，在那里，他们觉得我们是可怜的，因为我们还没有意识到生命的真正意义。也许，他们正享受着比我们所知道的更多的乐趣。他们正在见证一些我们所看不到的事物。而如今是我们误入了他们的世界，这可不是我们所期望的。这是我们想要其成为的。

仁慈的上帝啊
在我衰老的同时
让我成为那个
你本想让我成为的人
因为这样我便能在生命结束以前
体验到生活的乐趣
阿门

我曾在我的广播节目中采访了一位妇女。她患有狼疮二十余年；曾与一个男人结婚很多年，在一个圣诞前夜，当她正为孩子包装礼物的时候，那个男人提出离婚；她在一场事故中失去了一个孩子；现在是一个酒鬼的妻子。我非常敬佩她，因为即使是遭遇了这一切，她仅仅是每天醒来，迎接新的一天。而如果换作是我，其中的任何一件都可能让我崩溃。

我不知道是什么力量让我们重新振作起来。当我想到一些人们所经历的事——从奥斯威辛集中营到卢旺达到伊拉克到每一个为生存而挣扎的美国人——我几乎无法忍受。有时我认为海洋是人类眼泪的具体表现。很明显，在人们经历的核心，有一种坚韧不拔，有一种深刻的对继续前进的渴求。我相信我们对于生命的执著不仅仅是因为我们害怕死亡。我认为我们之所以执著于生命更是因为我们发自内心地明白还有一些有关生命的事情还未发生。就像鲑鱼逆流而上一样，我们的直觉告诉我们，我们的存在便是为了延续生命。我们便是生命的过程。正是如此，我们的存在是为了向一个更宏伟的事业奉献。这个事业不是我们渺小的个人所能理解的，更不是我们所能形容的。

在斯坦利·库布里克的杰出电影《2001 太空漫游》的结尾，一个婴儿漂流到外太空。当然，这便是终极目标：新人类的诞生。如果那个孩子要降临人世，它需要父母来养育它——而那就是你和我。我们脑中、心中想的是，用同情来哺育它。这个讨人喜欢的快乐的新生命于我们所有人的体内孕育。战争以及战争的谣言传得沸沸扬扬，那就是真的了。但人们仍旧继续陷入爱河，人们依旧在为所犯下的错误赎罪，人们还在宽恕别人以及乞求别人的宽恕，人们还是希望和祈祷。在直面死亡的那一刻，应该宣告更多生命。而我们正在这么做。

我相信上天是有怜悯心的，他只要显灵一下，祈祷一下，怀着真挚、谦逊的希望以爱行事，便能对鲁莽的人类引发的不负责任的悲剧进行干涉。当我们既不回首也不展望，而是深深体会时，就会看到那能够战胜黑暗世界的光芒，那超越对世界理解的希望和那能够包容世界上所有怨恨的爱。

看见那道光束后，我们应追寻它，穿过重重阻碍，走向人类的重生。分娩的过程漫长而艰难，我们将在重生后变得更雄伟更珍贵。我们经过重生，成为了真正的自己。我们将朝着这个目标不懈努力，不达目的不罢休，永不罢休。